王浩威 · 青春门诊系列

拥抱孩子

7堂父母必修课

王浩威——著

U0131531

台海出版社

北京市版权局著作合同登记号：图字 01-2021-3473

Ⅰ中文简体字版 © 2022 年，由台海出版社出版。
Ⅱ本书由心灵工坊文化事业股份有限公司正式授权，同意经由 CA-LINK International LLC
代理正式授权。非经书面同意，不得以任何形式任意重制、转载。

图书在版编目（CIP）数据

拥抱孩子 : 7 堂父母必修课 / 王浩威著 . -- 北京 :
台海出版社 , 2022.6
　　ISBN 978-7-5168-3250-9

　　Ⅰ . ①拥… Ⅱ . ①王… Ⅲ . ①家庭教育 Ⅳ . ① G78

中国版本图书馆 CIP 数据核字（2022）第 048470 号

拥抱孩子 : 7 堂父母必修课

著　　者：王浩威

出 版 人：蔡　旭　　　　　　　　　封面设计：**DOLPHIN** Book design
责任编辑：魏　敏　　　　　　　　　　　　　　海豚QQ:592439371

出版发行：台海出版社
地　　址：北京市东城区景山东街 20 号　邮政编码：100009
电　　话：010-64041652（发行，邮购）
传　　真：010-84045799（总编室）
网　　址：www.taimeng.org.cn/thcbs/default.htm
E－m a i l：thcbs@126.com

经　　销：全国各地新华书店
印　　刷：三河市嘉科万达彩色印刷有限公司
本书如有破损、缺页、装订错误，请与本社联系调换

开　　本：880 毫米 × 1230 毫米　　　1/32
字　　数：156 千字　　　　　　　　印　　张：7.5
版　　次：2022 年 6 月第 1 版　　　印　　次：2022 年 8 月第 1 次印刷
书　　号：ISBN 978-7-5168-3250-9

定　　价：49.80 元

版权所有　　翻印必究

教养孩子其实没有这么难

阳明大学神经科学研究所教授、亲职作家

洪 兰

很多青少年问题专家都说"大部分的问题儿童出自问题家庭"，这句话在王浩威医生所写的这本《遇见孩子：7堂父母必修课》中得到了印证，难怪英国有句谚语"父母对孩子的态度决定他的命运"。父母若常觉得孩子不够好、不争气，会使孩子在不知不觉中产生自卑感。在国外教过书的人都觉得很多中国的孩子与国外学生比起来，几乎没有什么自信心，总觉得自己不如人，这个观念怎么来的呢？从书中我们可以看到，台湾的父母从小就把孩子跟别人比，比不过时，自卑感就产生了。

近年来，因为脑造影技术的精进，大脑科学家可以在活人的大脑中看到大脑的工作情形，我们就看到来自同一个家庭的同卵双胞胎，在做同一件事时，大脑活化的区域及血流量有所不同。你会问：他们先天基因相同，后天环境也相同，又做同一件事，为何大脑活化的程度不同呢？这是因为他们后天的经验不同，没有两个人有一模一样的梦，因为没有两个人有一模一样的经验，所以父母不可以把孩子跟别人比，每个人的基因不同，成长的环境不同，放在一起比是不公平的。

王医生在书中呼吁父母教育孩子时要有耐心，这点很对，罗马不是一天建成的，每个孩子学习的快慢不同，不可期待每个人学习的成绩一样。台湾有句害人不浅的话就是"不要输在起跑点上"。其实这句话一点实验证据都没有，它是一个广告词，而且是语带威胁的广告词，恐吓父母如果不来补习、不买这个益智游戏，就误了孩子的一生。试想，如果"输在起跑点上"这句话成立，你又如何解释"大器晚成"？历史上，很多名人是大器晚成的，如爱迪生、爱因斯坦、王阳明，他们开窍得晚，但开窍后，所有的表现都跟别人一样，甚至更好。父母只要一摆脱竞争心理，孩子就立刻快乐很多。只有在这种情况下，孩子的强项才有机会真正发展出来。

书中一再强调父母要适度放手，孩子才会快乐。很有趣的是，完全放手的父母，他们的孩子也不快乐。孩子会怀疑父母是不是不爱他，不在乎他，为什么随便做什么他们都说"好、好、好"，没有意见。这现象不只是王医生在门诊中碰到过，我在很多孩子身上也看到过。曾有一个非常叛逆的初中生，当他被父母吊起来打时，会笑。据他说，父母肯打他，就表示父母还关心他。孩子常会以各种手段来引起父母的注意，甚至不惜牺牲皮肉，这种渴望令人心痛。玉不琢不成器，适度的管教是必要的，父母一定要了解，管教孩子是父母的天职，责无旁贷，不可推给配偶，更不可推给老师。教好孩子不难，只要做到：第一，以身作则，不要孩子做的，自己也不要做；第二，孩子做错事时，立刻纠正；第三，纠正时，要解释理由，不解释理由的禁止常会弄巧成拙；第四，管教的规矩不能因人而异，更不可一人扮"黑脸"，一人扮"白脸"，父母两人态度要一致。看到书中有这么多已经受伤的孩子，很替这些年轻的生命惋惜，一个人心灵的创伤是需要很长的时间才能修复的。

一个行为偏差到学校通知父母去谈以前，就已有很多的迹象，父母只要足够关心孩子，看他放学回来神色不对，就应该要问今天学校里发生了什么事。亲子沟通管道的畅通是孩子成长过程中最重要的一环，孩子无论发生了什么事都要能回家跟父母讲，父母也不要先骂，要先听。我觉得一个在学校受了委屈又无人可以诉说的孩子是最可怜的。

他山之石，可以攻玉，这本书提供给了父母很多很好的经验。如果问题儿童出自问题家庭，那么就请大人给孩子一个良性成长的机会：请控制你的情绪，善待你的配偶，给你的孩子一个温暖的家。人生本来就没有十全十美，但是要不要痛苦却是你自己可以选择的，因为人类可以经由心态的转变使人生转变，带来痛苦的常常不是事件本身，而是你对事件的看法。了解到这一点，你就会发现，教养孩子其实没有那么难，"人生不满百"，何苦"常怀千岁忧"？

父母对孩子的态度决定孩子的命运，这世界不缺少美，缺少的只是能看见美的眼睛而已。孩子是你一生最重要的投资，回家陪伴你的孩子吧！你会发现你的出现会带给他无上的快乐，他以后也会带给你同样的快乐。

不做"直升机"父母，不做"虎妈"

富邦文教基金会执行长

陈蔼玲

因为基金会工作之故，很久以前就知道王浩威是一位很棒的作家，很有心的医者。但真正见识王医生的高明，是因为成了他病患的家属。

第一次在诊疗室见到浩威医生，是十几年前带刚读小学一年级的女儿去看门诊。敏感聪慧的女儿，在幼儿园是老师称赞、朋友喜爱的"搞笑女王"。她比姐姐小三岁多、比哥哥小一岁多，看着哥哥姐姐穿着帅气漂亮的校服，背着方正的书包上下课，已经羡慕很久了！我心想有哥哥姐姐在同一所学校，上小学肯定对她来说是乐事一桩。哪知没两天，她开始拒绝上学，一提到上学就惊怕万分，好像学校里发生了什么事。我尝试跟她沟通，原来是跟上厕所有关。她读的是蒙特梭利式幼儿园，只要有需要可以随时去洗手间。上了小学，上厕所突然变成只有下课时间可以去，而且还要排着队去。她焦虑地问："万一来不及怎么办？"

我心想"哥哥姐姐怎么都没有这个问题啊，一定是你太紧张了"！不过我还是说："可以举手跟老师说你要去啊！一年级老师都很好，不会不让你上课时去上厕所的。"

"但是厕所很远，来不及裤子会湿……"

我再三保证，跟她说"妈妈可以跟老师先说好，还有其他的同学也会跟你一样"。但第二天早上还是没法说服她上学，连哥哥姐姐的劝慰也没效。不知哪儿来的灵感，我说："我们去找医生想办法好不好？"

接着，神奇的事就在王医生的诊所里发生了。在王医生耐心、诚恳的聆听与引导下，我提出我的想法："怕来不及上厕所，衣服会湿，要不要带弟弟的尿布啊？"女儿想了想说："不行！太大了。别人会看得出来！"

"那妈妈的布布好不好？妈妈也有，你看不出来吧？我每个月都要用几天呢！"大概被我的努力和浩威医生的劝说说服了吧，"嗯……"女儿点点头同意了。

试用不过两三天，她发现即使带了也派不上用场，就此克服了上学恐惧症。

回顾这个故事，除了想说明，父母眼中的芝麻般的小事可能是孩子心里石头般的大事，认真地同理并积极处理，才是正确的选择。以医患关系正式地请教王医生亲子教养问题，是值得的。中国人常常讳疾忌医，对于心理医生更是避之唯恐不及，生怕被贴上"精神有问题"的标签。而在西方世界，尤其是美国都会地区，将婚姻、亲子、个人生活等问题都依赖专家的协助。参考专家的建议，并进行及时充分的个人反省与剑及履及的执行力，才可能达到允执其中的中庸之道。

诚如浩威医生所说，好父母是后天学来的。尤其是现代的父母，面对子女，不论思考模式、行为习惯、性格等，都迥异于以前的父母，如果用自己的成长经验教育孩子，不仅会让自己处处碰壁，还可能伤害亲子关系甚至耽误孩子！学习不做有求必应的"直升机"父母，也不需成为"虎妈"（您知道虎妈的严厉教育只适用于五到十二岁的孩子），做个好父母除了要认真付出，还需要与时俱进的方法。

其实，做个称职的母亲是我最大的"志向"。虽然我自认为付出了很多心力和时间，也努力求知，只要有好书推荐一定买来看，遇到朋友、老师也总是不断请教，但一路上还是跌跌撞撞，有过许多心力交瘁，甚至自责煎熬。但是每过一关，总是让生命更进一阶，更豁然开朗了一些。亲子关系是人生的一大课题，多多去学习，就可以应用在生活中的每一个层面。

用故事代替说理，浩威医生的书集结了许多父母与孩子的心路历程，用心读一定有所获！

只有爱不够，还要学习

荒野保护协会原理事长

李伟文

前一阵子与几位高中同学聚餐，我们这群老朋友的孩子们大的已上高中、大学，小的还在读小学、初中，东聊西聊话题不知不觉就讲成了"爸爸经"。大家在互吐苦水之余，有个朋友忽然感叹："记得我们小时候父母好像完全没有时间管我们，我们还不是长得都还不错，那么我们现在究竟需不需要花那么多心力在孩子身上呢？"

此话一出立刻引起热烈的讨论，最后大家的结论是："需要的，在这个时代若像我们的父母那样不管孩子的话，孩子真的会长得不太好。"因为随着时代的变迁，除了情况越来越复杂，诱惑越来越多，竞争也越来越激烈，在现在的社会，孩子的确不太容易能够安安静静照着自己的步伐，依着自己的速度慢慢学习与成长。

可是，若是必须"管"孩子，又该怎么管？

我看到不计其数的家长"管"得很认真，却管出许多亲子问题，搞不好还真的不如不管来得好呢？那么"管与不管"之间，该如何拿捏呢？

这就是家长必须随着时代的变化，不断学习的地方了。我最害怕听到父母跟孩子说："我是为你好……"通常这句话一出现，就是代表"停止讨论，照我的去做"。当然，父母是爱孩子的，但是人世间又有多少的纷争与误解，甚至出现悲惨的结局都是因为"以爱之名"呢？

可是，当父母想找书来学习时，坊间多如牛毛的教养书就如同经济学的理论，彼此的看法南辕北辙，令人无所适从。而且教养没有标准答案，对别人有用的方法，用在自己孩子身上可能完全就没有效果；这个时候有用的方法，到了下一刻却又失灵，甚至还会适得其反。

教养孩子似乎困难重重，即便如此，我们还是必须找到并选择与孩子共同成长的方式，而且清楚每个选择的结果。

看到王浩威医生的书，可以说是双重的享受。一方面，王医生以他专业精神科医生的素养及儿童青少年辅导的丰富经验，娓娓道来，那种温暖的对待，给予我们家长以被理解的安慰；另一方面，王医生长期关心社会，再加上他个人深厚的人文素养，令人阅读他的文章时往往有恍然大悟、拍案而起的畅快之感！

其实，我觉得所有的父母，甚至没有孩子的人，阅读这本书，都可以有许多的体会与收获。

好父母是尽力了就好

王浩威

怎样才能扮演好父母的角色呢？这个问题是我在《拥抱孩子：7堂父母必修课》这本书中要"试着"回答的，最后才发觉可能只做到"描述"，描述父母角色的当今状态。

在前一本书《拥抱青春期：青少年的5堂心理课》出版时，媒体有些讨论，读者也给了许多反馈，大致是在意料之中的，大多是书写时就预期可能出现的反应。倒是有些朋友们扮起读者的角色，给我的一些反馈，却是始料未及的。

有两位朋友的反应是相近的。一位在电话里噼里啪啦地说了我一顿，说我不了解父母的辛苦之类的，然后就挂掉电话了。另一位较不熟的朋友则是贴心多了。她说她自己家里有两个青少年，觉得青少年在我的书里也许被了解了，但父母则不见得。

"父母真的没想过你说的那些吗？"她最后语重心长地提醒。

另外的朋友，还有更多的读者，则是以充满沮丧的心情，表示自己作为父母，看了书，才发觉自己很失败。类似这类的反映还不算少，几乎在每次相关的读书会、演讲课上都可以听到。

《拥抱青春期：青少年的5堂心理课》的写作，原先只是想为青少年说说话，而不是为父母。在我们的社会里，青少年虽然不是最弱势的，但也算是相对弱势。青少年这一阶段是不擅长表达的，甚至因为太多无力表达的丰沛而矛盾的想法，经常招惹不必要的压力和阻挠。当初是这样单纯的想法，想让青少年的处境被真正看到，也就完成了先结集为《台湾青少年记事》，后来再扩充成《拥抱青春期：青少年的5堂心理课》一书。

朋友们的反应，在1998年结集成《台湾青少年记事》时，也没遇见过。也许当时认识的大多数朋友的孩子还没到青少年阶段吧。现在大家的孩子长大了，以父母的立场出发的感受也就特别多。

朋友们的这些反应出乎意料地强烈，我才注意到《拥抱青春期：青少年的5堂心理课》虽然不是为父母写的，但对于父母角色的叙述，确实触及了当今父母的痛处。也因为这样的领悟，心中才浮现这样的想法：如何从父母的立场出发，思考父母的处境，进而推想可能性。

如果过去我的思考（譬如在《拥抱青春期：青少年的5堂心理课》一书中呈现的），是为青少年在当今社会体制寻找网络之间可能的缝隙，那么，现在这本书的书写，则是想从父母的立场出发，想为在当今社会体制中的父母，寻求属于父母的缝隙。

我认为，父母从来不是站在青少年子女的对立面。父母和青少年的关系之所以紧张，其实是因为双方都身处于这个社会结构中，而社会结构随着时代前进对内产生了持续的压力，进而形成一种不得不卡住对方的困境。青少年也好，父母也好，其实都受制于我们不够明白的当下社会，只不过，父母往往不自觉地被社会结构逼迫而扮演社会体制的"代理人"罢了。

这样的想法虽然开始在我内心深处萌芽，但是，真正地实现是相当困难的。收在这本书——《拥抱孩子：7堂父母必修课》中的文章，大多是2011年这一年发表的，可以看出我的思考和目前的局限。

我试着描述父母的困境，试着为父母清楚地勾勒出他们所面临的真实社会，也试着指出亲职的存在（不论是过还是不及的亲职）对孩子们成长的影响。然而，这只对父母所处的世界做一个现象学上的探讨，离原本要做的结构分析还很远，更谈不上其间缝隙的寻求。

困难在哪里呢？面对当前的社会，我们总以为自己是看得十分清楚的，尤其在努力收集了四处充塞的信息以后。然而，我个人以为，我们以为清楚看到的这个社会，其实是个幻象，是个错觉。或者说，当今的社会一旦让我们研究透彻了，就已经变成过去的世界了。我们以前看到的当今社会，其实是明日黄花。我们每天生活中所面对的世界，也就是真正的当今社会，百分之九十仍存在于浓雾中，从来没清晰出现过。

描述父母的处境都已经如此艰难了，更何况要做好父母的角色。面对这样不可能清楚掌握的世界（这是永远不可能的任务），父母要开始学会放手：对孩子放手，也对自己放手。只要觉得自己尽力了，就不再自责无法做到的部分——因为自责或求全，经常是恶性循环地产生更多的破坏力。这样的放手态度，也就是英国儿童心理大师 D.W. 温尼科特再三提出的"尽力就好了的父母"。

好父母是不会自责的，他们享受和孩子们的互动，甚至冲突。这一切都是乐在探索，乐在不确定的态度，并且能在后天的体验里累积。

这些文章的发表，特别感谢《张老师月刊》的高惠琳小姐、《亲子天下》的编辑江美满小姐和《国语日报》的编辑蒋秀娟小姐。谢谢她们的耐心和包容，才有了这些文章的完成。

我也感谢心灵工坊的黄心宜、祁雅媚、赖慧明、总编辑王桂花等人，谢谢他们的努力，才有这本书的完成。

目录

第一课

做父母，超级任务

科技新父母，亲子新挑战

一位中年母亲说起她和上大学的女儿如同姐妹的关系。

她说："女儿上高中的时候，我们一起去逛打折店；考上大学去东京玩时，一起逛新宿。"慢慢地，也说到了这一次的冲突。

当初女儿聊起脸书（Facebook），她以为女儿是鼓励她也加入这个社交网络，却不知道为什么她加入没多久，女儿竟然气得离家出走。

"只是生气你加入脸书？"我问她。

她犹豫了一下，说，好像也不是。原来她加入脸书成为女儿的朋友后，也主动邀约女儿的所有朋友成为自己的朋友。

一开始女儿也觉得没什么，也就没反对。直到女儿发现自己的一举一动，特别是跟朋友互动的话语或活动的任何细节，妈妈都摸得一清二楚，一股说不出的愤怒慢慢累积，才有后来发生的小摩擦，引发出妈妈口中所谓的"忽然一冲动就气得坚持搬出去住"。

这让我想到另外一位父亲。

在儿子连续好几年央求下，这位向来自认开明的父亲，最后不得不答应了让儿子一个人去国外自助旅行。

不过，他先做了一些功课，调查了哪些国家没开放手机的国际漫游（当时的缅甸、朝鲜等），哪些国家手机信号覆盖率偏低。这些国家都是不准去的国家，然后要求儿子交换条件：手机每天要开着，每天要主动打电话回家。

一位留学生向我抱怨家人的不合理要求。

他说："出国找好落脚处，架好计算机后，我习惯将 Skype（社交工具）整天开着，家人可以随时打招呼，也就没有离家的寂寞。"

只是后来，每天通过视频看到他住处的妈妈，老是嫌他房间乱，还"威胁"说要到美国东岸帮他收拾房间，他索性就借口计算机的镜头坏了，将 Skype 改成只剩声音的。

没想到，后来的发展是，父母以为他不会修计算机，央求堂哥到东岸出差时，特地绕一圈飞到他的学校，帮他装一个新的视频镜头。

这样的故事还有很多，最常听到的故事是，父母如何破解孩子的计算机密码去了解他们网上的活动，或孩子手机登记在父母名下，父母也就可以要求通话记录，等等。

高科技的发展，让人与人之间的距离开始变得十分多样，或者夸张一点说，变得可以没有距离。

这对各种人际关系都产生很大的影响。

在亲子关系上，一个人从青少年迈向成年的阶段，在过去，发展相关的心理学、不同的学派之间，也许会有不同的词语来形容，譬如分离、个体化、离家、自我认同形成等。这些术语都是强调分离的必然性，将孩子的发展过程中，他和家庭的距离拉开视为独立能力或完成自我个体化的必要条件。

然而在这一个时代里，也许是在时间上和经济上都比过去富裕，父母们将自己的功能不知不觉延伸扩大了。于是在一般的状态下，中产阶级以上的家庭，父母对子女似乎有永无止境的担心，也就有永无止境的关心。

每个时代的父母都有每个时代不同的资源和不同的特色。在这样无止境担心的气氛里，同样是在高科技产品中长大的新一代父母，因为擅长运用科技，过去心理学所描述的这个分离阶段，也就更不容易产生了。

父母也是有演化史的。如果说二十世纪九十年代出现了擅长利用心理学和沟通技巧的父母，那么，二十一世纪后的新父母则擅长运用科技。只是，在这一切变化后，究竟是心理学教科书该改写，还是亲子关系会出现更多的新挑战？

孩子为什么说谎

打电话给刘瑜时，听声音就知道他还在睡觉。他知道我是问何时可以安排见面的，急忙说自己感冒已经好些天了，暂时没办法见面。我知道这是谎言，但还是回答说："过两天好一点了，找时间碰个面吧。"

刘瑜是我以前的个案，当年还就读某个知名的私立初中时，他因为欺负其他同学而差一点被退学，最后学校还是要求他转学，才由父母带来的。只是，他的父母就像这城市的许多父母一样，都太忙碌了，经常临时取消家庭联合会谈。比起金钱的富裕，他们在时间上是恰恰相反的匮乏。他们宁可爽约白白付就诊的费用，也无法挪出时间来。

美国的心理治疗大师奥托·科恩伯格说过：治疗师在诊疗室里从自己和个案之间所感受到的情绪和反应，就是个案生活中周遭的人们会感受到的体验。虽然这句话讲的是个人治疗，不过，在我的经验里，家庭成员的互动也是如此。

于是，在难得的一次三人都出席的家庭会谈中，我向他的父母提出这一点看法："我知道你们都十分忙碌，只是宁可付费也不及时取消行程这件事让我困惑。是你们不容易有机会相互沟通，不容易知道彼此的行程？还是你们的生活里相对于时间，钱是较不重要的？如果是这样，会不会跟刘瑜的相处也是如此，也就是说：钱比时间更重要？"

我这三个问题不是一口气提出的，而是一个一个分开问的。每提出一个问题，三人不约而同地沉默了，待反应都够长时，我才又接下一个问题。

因为有那一次的直接面质，刘瑜才开始和我建立真正的会谈关系，不再像一开始时那样保持远距离观望的态度。

家庭会谈依然继续取消，和父母的关系没进展，但个别治疗继续着，刘瑜和我的会谈也越来越深入。随着关系的稳定，我才问起刘瑜，当初第一次见面时，妈妈当面指责他经常遇到事就撒谎这件事。当时他不自觉而愤怒地说："我没有！"这，究竟怎么回事？

刘瑜坦然讲了几个例子，都是一些顺口撒谎的小事。他说，其实也不过是希望能躲过这一关，不要再被"碎碎念"了。

回想自己的成长，不也是这样吗？我年幼时调皮，喜欢耍小聪明，青少年阶段更是不喜欢被管。父母担心，总是紧张地盯着我，唠叨也就在所难免。只不过，当时不自觉地找各种理由逗留在外头，没有太多撒谎或火爆冲突罢了。自然地，我更可以体会刘瑜这部分的心情。

其实我们每个人都一样，不仅希望不要再被唠叨了，甚至希望在父母的眼中自己是十分完美、十分棒的人。我因此告诉刘瑜说，也许撒谎就是他还在乎父母的看法。他似乎有点懂，却不知道如何接话。我又接着说："说谎话要说到永远没人看穿，恐怕是不可能的。所以，如果希望别人眼中的自己是完美的，我们就真的要有一些努力。这虽然不容易，但慢慢地累积，自己变得更好了，你就可以体会这句话是真的有道理的。"

关于孩子撒谎这件事，其实可以当作他成长过程中很正常的过程。当孩子慢慢成长，他对外在的世界有越来越多的认识，也就越感觉到自己的不足。然而，自出生以来那种维持自己的完美形象的欲望却依然强烈存在。因为如此，他也就越来越觉得自己无法维持住过去一向的完美。这一股不安，也就让他开始不自觉地会用一点手段，也许是撒谎，也许是偷窃，来达到这样的目的。

这样的行为，通常在小学四五年级开始出现。只是在这成长的过程中，孩子的能力越大，自信也更强了，他们开始有更多的能力。在这同时，他们也慢慢发现：通过偷窃或撒谎来拥有这个世界，其实很快就要付出代价，而且是很大的代价，这代价让自己离完美更遥远。于是，他们更积极发展其他的能力，而放弃了偷窃或撒谎。

只是，当年我遇到刘瑜时，他已经上初中二年级了。撒谎也好，欺负别的同学也好，都是别人早就该因为代价太大而放弃的行为。如果这些行为还持续存在，可能是因为他没有机会对自己的其他能力产生信心，也可能是这些不当行为带给他的反馈远远超过他所付出的代价。

可惜，当年我和刘瑜的会谈并没有足够的时间去解决这些问题。当年刘瑜和我的关系越来越稳定时，他对我越来越强烈的依赖开始激起他的父母不自觉的失落感。这是青少年的心理治疗常见的情形，只是我没及时做适当的处置。于是在升初三的暑期课前，他的父母就以课业繁重为理由，替刘瑜决定，擅自结束了当时的会谈。

这一次，他的父母又来找我了。上了高中的刘瑜似乎更会撒谎，也不去学校了。他甚至拒绝了父母要求来找我的建议。基于过去的相处经验，我决定自己打一个电话给他，才有了故事开头那通电话的撒谎。

然而，也因为他的反应是撒了一个明显的谎，所以我更确定这不是拒绝。他也许还有点迟疑，甚至是对当年我没阻止他的父母结束会谈的举动，在意识或潜意识层面仍有着一股说不出的愤怒。总之，他只是没有充足的准备，暂时回避了。我知道，过两天再通一次电话，他就会以有些勉强的方式来答应。

别着急，更不要露出担心带来的不安。我这样告诉着自己，不要连自己都对刘瑜失去信心了。

除了自由，孩子还需要更多

在一场演讲里，一位听众举手提问说："要如何培养孩子的自信心？"

平常听到这个问题，我脑中会浮现起"适当的挫折"这类我过去常用来回答该问题的标准答案，或建议读几本市面上我写的卖得不错的书。

只是那天，我似乎从提问者的某些地方感受到些许不寻常，一时兴起，反问说："你要不要多讲讲这位你觉得自信心不足的孩子？"也许，只是因为，我忽然想起早上来诊室的那个孩子……

威廉是妈妈陪着来的，这些年来一家三口定居在南半球的某个城市。今年原本是准备大学考试的最后关键，但威廉选择了某大学的预科，以避开压力极大的竞争。为了这点，一家三口有过许久的"辩论"。最后坚持不同意见的爸爸，还是让步了。爸爸表面上尊重威廉的选择，其实仍是颇不以为然，直到现在都还有些不愉快，甚至今天的约诊也是找理由不来。

妈妈也偏向爸爸的意见，毕竟以威廉的学习成绩参加成绩鉴定将会有更多好学校、好专业可以选择。不过妈妈看到更多问题，威廉从小只要可以不竞争，几乎都选择不竞争的方式。妈妈的问题是：为何威廉如此没有信心？

威廉的爸爸出生在南部小镇一个传统的家族，大家长式的教育可想而知，包括被逼迫读自己不喜欢的专业。也因为如此，当威廉出生时，夫妻二人的教育方式是遵守绝不打骂、完全尊重孩子的原则。

然而，从来就没有一种教育制度，对所有孩子都适用；同样，也从来没有任何真正诚恳的教育学家或心理专家，敢保证自己教出来的孩子就没问题。教育改革的确解决了许多问题，却也必然遗漏了一些问题，甚至还有更多被误用而产生的问题。

我还记得有一位高中生，有一次，在会谈已经进行一段时间后忽然迟疑地问我："医生，我是不是比较笨？"

被这样直率的问题吓一跳的我，直觉地回问他怎么会这么想。

"同学的爸妈都会要他们当医生或工程师之类的，要他们努力读书。可是，不管我成绩有多好，爸妈都说做什么都无所谓，还叫我去当清洁工！"一时之间，我哭笑不得。

哭笑不得，是因为我有把握他父母说的就是人们经常可以听到的那一类说法："做什么都可以，只要自己快乐，做清洁工也无所谓！"而更深层的却是一股说不出的难过——这样的误解已经让他对自己失去了应有的信心。

面对眼前的威廉，我理解了为何父母认为他自信不足。除了自由，孩子的成长还需要更多，譬如期待，譬如信任。

教养，永远没有客观的尺子

不知是第几次遇到这样的情形了，会谈许久以后的青少年，忽然抬头问我："如果我真的还不错，为什么爸爸妈妈从不要求我像他们一样，做个医生、律师或大学教授？"

这样的孩子在心理会谈的初期通常是被动而沉默的。父母带着他们来，往往是因为在学校出了一些状况，由校方建议找专业人士咨询的。

青少年的被动要加以化解，原本就是耗时的。他们整个慢下来的身体，往往意味着关于自我的掌控已经失去最基本的信心，害怕再一次的失败。这时，大人必须放慢自己的节奏，给予青少年更放松的陪伴。因为如果大人急了，身体又绷紧了，想行动了，对青少年而言又是一次无言的批判："你怎么这么慢？""你还不知道自己要什么吗？"

会谈许久以后，和青少年之间建立了互信关系，他们才敢将内心最深的恐惧或羞耻说出口："为什么父母从不要求我？"

这样的父母其实我也认识许多，包括好几位十分熟悉的朋友或同学。在大人自己还是孩子的时代，他们就被要求考上前三志愿，考上名牌大学，考上医学院，被要求找到一个好专业作为职业。这些父母当年是多么痛恨这一切要求对自己人格成长的扭曲，甚至走上街头，参加要求教育改革的示威活动。他们被要求的太多了，所以他们下定决心做一个不要求的父母。

我问诊疗室的青少年："你的父母是怎么说的？"他们回答说："爸妈说只要我喜欢，只要我认真，做什么都可以，工人或小贩都无所谓。""为什么爸妈对我没有要求呢？是不是我天生就比较笨？"最后这句话他们憋了许多年，终于讲出来的。

教养是一件很复杂的事。过度的要求和鞭策，将人们快乐的能力都磨光了，但是，完全的放任而不要求，又将如何呢？这是没有绝对的答案。只是，我们想要做更好的父母，就对过去憎恨的那些面向不自觉地一百八十度大转弯，又走到另一个极端了。

是的，孩子的自发性是要被尊重的。他们有对于这世界的各种想象，只是，这些想象也是要被肯定和夸赞的。大人的期待，像和孩子一起分享对未来幻想的期待是最好的，不过只要做到不过度强行加在孩子身上，都是对孩子自我表现的努力做出适当的回应，也就是一种背书，一种清楚的肯定。

父母为难，就是因为在肯定和强行要求之间，在适度压力与过度压力之间，永远都没有一把客观的量尺，只能相信自己的感觉了。

让自己够好就好

我一个人朋友的女儿在国外结婚定居，最近有了孩子。更早以前，刚刚怀孕没几个月，她就开始紧张，产生了许多想象出来的莫名的担心，觉得连她妈妈也就是我的朋友，给的答案都不够，于是她就来问我。当时我回答了一些话，不过自己也不记得了。

孩子生下来后，她写了封邮件给我，看来是更焦虑了。我觉得她的问题很典型，表达得也很精确而传神，就征求了她的同意后给大家看。

她是这么写的："我最近在思考你说的'强韧有生命力的母爱'到底是什么，是表示我一定要对孩子微笑，不能露出悲伤愤怒的表情吗？我很害怕孩子出生后，我就 24 小时都要'扮演'一个勇敢、慈祥的母亲，不能有自己的情绪，但是那种事我根本做不到啊！我这样想会很自私吗？所谓'天下妈妈都很伟大'是在说妈妈都很尽责地压抑自己，提供给孩子自己最好的一面吗？还是其实很多妈妈都有情绪方面的问题，都会觉得很无助，也会想对孩子生气？我现在每个礼拜都会哭，很生气时就会抽烟，然后觉得我自己非常差劲。我很努力想要当一个好妈妈，但是总是会失败。为什么有时候我觉得很快乐，但是难过的时候一点快乐的感觉都想不起来？"最后她还问，"如果你知道有这方面的书，请告诉我好吗？"

够好的妈妈，急着想成为完美的妈妈

我看到这封信，担心之际也同时涌上许多莫名的感动，来自不同层面的。当年那个状况不断，总让我朋友颇为烦心的小女孩，现在果真长大了。这真是无法想象呀，那女孩而今是如此认真的母亲，几乎可以说是因为太认真而自寻苦恼了。另一股感动则是来自她真切的焦虑和自责，因为那是母爱中让人最歌颂的一点，几乎每一个人（包括男性）都拥有自己没意识到的母爱。当宝宝来临，这股情感会立即涌现，毫无条件地为新生宝宝完全牺牲自我。不管这位妈妈以前有怎样的高成就，或是依赖成性，几乎可以说是长不大的大人，对大部分的人来说，面对新生宝宝，这股母爱就出现了。

我回信向她诉说了这些感动，告诉她说："放心吧，你一定是一位足够好的妈妈。因为够好，才可以从字里行间感觉得到你的着急。我们着急着弥补自己的任何不足，着急想避开所有可能的缺点时，也就不知不觉地着急想成为完美的妈妈。"

至于这种着急，担心自己不够好的着急，果真如此不够好吗？我这样继续回答："你的着急本身可能有两层相反但共存的意义：一方面，是自然而然地发自内心，无论如何都没法消失的在乎和努力；另一方面，则是你向来都对自己太苛求，总觉得自己做得还不够的不安。这股不安可能不自觉地投射向四周亲近的人，包括你的先生、宝宝，特别是你自己，而产生了不必要的破坏力。所以享受你作为妈妈的成就吧，在这个角色上多一点自恋，对自己所有的反应都要有坚定的自信。因为做妈妈的确是不容易的事，一定会偶尔抓狂，偶尔小小崩溃。自己是完美妈妈的感觉只是长久过程中偶尔出现的感觉，经常性的完美感只存在于神话般的故事里，或是拉菲尔的圣母画像中。”

妈妈陷入紧张，宝宝就感觉不到妈妈的好

其实，做完美的父母是极其“灾难”的想法，不论对孩子或对父母自己。一味追求完美，就会不准自己有缺失，一切的反应也就变得太紧张了。当妈妈陷入这种紧张，宝宝也就感觉不到妈妈的好，只感觉到她的焦虑。而妈妈呢？当然最后是累垮了，也就更没有好脾气了。

我继续告诉这位新手妈妈说：“二十四小时的妈妈一定会疲累和失控，八小时的妈妈也一样会失控——只要不能随时离开，永远要听任一个永不在乎你，而且永不可预测的小小可爱但野蛮的动物，任何人都会因疲惫而失控。但记得这是你修炼成妈妈的必要过程：经历一千次的眼睁睁目睹自己的修养终究瓦解而瘫在地上，然后再站起来。这时，你所要做的，就是相信自己够好了，

相信自己是很棒的好妈妈，可以骄傲地站在全世界面前，包括负面的心情也站起来，直直地站起来，并充满像所有刚拥有宝宝的妈妈那一股饱满的喜悦。你是够好的母亲，而且，请务必牢记我对你的相信。"

我也寄了一本英国心理学大师温尼科特的作品《妈妈的心灵课：孩子、家庭和大千世界》给她，因为我的这些回答，让自己够好就好，其实是温尼科特最早提出来的：不要完美，尽力让自己够好就好了。

当受伤的孩子成了父母

炎夏岛屿上的都会城市。

医院诊室的冷气强劲地吹拂着所有的角落，再加上亮白的照明系统，好像在这里的一切都和外面三十六摄氏度高温下的世界无关。

我面前坐着一位哭泣的男人。

"我好像从小就是人家说的扫把星，任何接近我的人都遭遇不幸。现在，连孩子也被我的婚姻搞得遍体鳞伤。他这样的孩子，活在世界上多么不幸呀。"

所谓从小就遭遇不幸，指的是他父母的婚姻。

自父母离婚以后，妈妈心情不好时就顺口说："都是你害的！"这类的话。

妈妈这话指的是他对父母婚姻的影响。在他记忆之始，父母就一直吵吵闹闹。妈妈说是他害的，自然地，长久下来，他的脑海开始自动编织出所有可能的故事，来完成那些从没人真正告知的"加害"过程。

是不是他的诞生，造成父母感情失和？是不是他天生不够乖，惹得父母心情不好而常吵架？是不是自己不够优秀，让父母失望，进而让他们的婚姻有了遗憾？当然，还有一种想法，不必进行任何推理就可以解释所有现象了：是不是自己就是扫把星，将衰运带给任何接近的人？

这已经是许久以前的事了。长大以后的他，当然知道当年还幼小的自己不可能有这般的破坏力。只是那一股情绪，包括当下的反应和思考的模式，一直摆脱不了。

他带着这样的心情长大，自然不敢多谈恋爱。只是他从小努力照顾着母亲的心情培养出来的能力，也就很容易习惯照顾所有遭遇不幸的人。

"任何人都比妈妈容易照顾。"这是他以往的理念。

他是一个温柔的男人，擅长倾听朋友的痛楚。过去，面对妈妈永无止境的抱怨和闹情绪，他几乎从不拒绝，拼命帮忙，最后弄得自己只有永无止境的深沉无力感罢了。小学高年级或初中以后，他开始察觉自己的天赋：天生的安慰和倾听的能力。任何有烦恼的朋友，不管男女，只要跟他诉说完，就可以破涕为笑。

有些朋友的问题很简单，说说就好；有些则不然。面对那些不容易解决的问题，他不自觉地陪朋友度过漫漫长夜，也走过一条又一条的街道，终究还是某一程度地改善了。

只有母亲的问题，他觉得从没改善。

三十五岁那年，当大家都还不知道他恋爱时，他就宣布结婚了。多年以后，他慢慢了解了自己当年忽然急于结婚背后的心态：刚认识自己的妻子时，原本也是倾听而已，只是许多漫漫长夜聊过，许多街道漫步过，所有的不幸还是如此沉重而惹人怜惜时，在这样的状态下，不自觉地就将结婚当作一种助人方式。于是，这样奋身一跃，就像那些以为自己可以救起溺水者的壮士，奋不顾身地跳入激流里，却成了义士。

不成熟的妻子承担不了当妈妈的责任，嚷嚷着太年轻就结婚了，要去追求自我，而孩子也就成为她犹豫不决的出气筒。这也就是他认为孩子"被我的婚姻搞得遍体鳞伤"的原因。

每个人都有自己的故事，自己成长的过程，自己如何走过原生家庭而想办法成长的历史。有些是悲伤的，有些甚至是不忍回望的，这一切都留下了大小不同的伤痕。

这些人长大了，这些伤痕还是像长在心灵上的疤一样，不知不觉开始发挥作用。伤疤的作用有正向的也有负向的，可以是具有建设性的，也可以是破坏性的。通常，在个人成就的追求上，这伤痕可能成为正向的动力；在人际关系上，却是亲密关系的困难之所在，也许是太依赖，也许是太害怕了。

伤疤在人际关系上有着一定的影响，不论同事或一般人际，不论是婚姻或交友，都作用着。只是有一天，成为父母了，这作用的对象就是自己的子女，就更叫人不堪了。

任何身为父母的人，就算是有再大的伤疤，恐怕还是要约束自己，学会正向和牺牲自我。

所谓正向，是真的可以让自己维持快乐的心情。因为小孩子是明白的，他会清楚你的心情，而唯有快乐的父母才有快乐的子女。

所谓牺牲，不是传统定义上的牺牲，而是愿意让自我中心倾向，开始得以节制。将自己生命的一部分（不是全部）让出来，开始以孩子为中心。

我告诉这位哭泣的爸爸：也许你没法给孩子一个好妈妈，但你可以给孩子一个好爸爸，你要停止自责，告诉自己能做到这样已经很不容易了。我要他不断地要求自己：永远要正向一点。

婚姻与孩子带来的考验

小志走进来时，我误认为他是同事的个案，全然没任何的印象。助理提醒我该开始了，我才意识到刚才擦身而过的那位高大英俊男子是我在等待的小志。

八年前或十年前，那时我的诊所还设在杭州南路，有一段时间，几乎每一两个月就会冒出一位过去的朋友，需要帮忙处理他们的婚姻问题。

自己年轻的时候喜欢动手写文章，也就交往了一群文艺界的朋友；后来因为种种原因，朋友们之间的联络越来越少，直到不再联系。他们最浪漫的恋爱和最热闹的婚礼，我多半是错过了，多年以后再见面，他们反而已经是在人生最不堪的状态。

那些朋友们年轻时候的浪漫情怀也好，豪情壮志也好，没多久都要面对爱情、婚姻和抚养子女的考验。列夫·托尔斯泰在他伟大的小说《安娜·卡列尼娜》的开场提出他那著名的看法："幸福的家庭都是相似的，不幸的家庭各有各的不幸。"关于这一点，我有不同的看法。那些年，我听到过那么多"不幸"的故事，总觉得有个朦胧的概念：所谓的英雄、才华纵横、创造力这些关于个性的形容词，和失败的夫妻或失败的父母，某一层面上其实是同义词。

八九年前，小志跟妈妈第一次来我的工作室时，还在读小学四年级。小小年纪，长得秀气极了，整个人都紧紧偎依在妈妈身旁。如此近乎黏在一起的状态，特别是了解到这是他的父母婚姻危机之后才出现的情况，不禁让人感觉背后其实隐藏着强烈的焦虑，害怕可能发生的分离。

当时的会谈，焦点是放在父母的婚姻上。被妻子指责有外遇的爸爸，是我昔日的朋友。因为是他自己表示只愿找我而拒绝其他的治疗师，他只能乖乖出席。只是，小志的爸爸还是外遇不断，而妈妈也越来越没忍耐力了。

小志父母最后还是离婚了。母亲去北京工作，小志按法院判决跟着父亲，其实多和祖父母住在一起。父亲后来又结婚，终于比过去成熟，比较懂得珍惜新组合的家庭，却也因此更没时间照顾小志。再加上祖父母的去世，小志上了初中以后几乎是一个人过日子。

一个人的小志，日子当然不好过。休学、辍学、飙车、打工、混夜店、夜不归宿，诸此种种，一切该发生的都发生了。

爸爸多年来和小志的冲突不断，早就不管他了。妈妈为了小志闯下的祸专程回来，已经不是第一次。会再度约我会谈，只不过是因为这次假期较长，可以回来较久，再加上问题更严重了。

这一次，小志在非法的夜店用毒品，警察临检时被抓到了。

妈妈说着这一切时，尽可能地忍着激动。俊秀的小志，坐在沙发的另一侧，没什么不耐烦，但也没任何用心。

我问小志，还记得八九年前的那次见面吗？他摇摇头。我继续形容当时的情况，他是如何和妈妈互动，间接指出和现在的落差。他似乎有些动容，但也只是一丝落寞瞬间闪过他的眼神，一切又平静了。倒是妈妈激动得崩溃了，这许多年的辛苦和无助，那股沉重其实是外人很难了解的。

不过，我让妈妈稍稍宣泄就将话题转向小志了。我当着小志的面对妈妈说：做治疗师的我也好，做妈妈的她也好，如果真的想和小志一起努力，就要先问问自己有多少时间可以投入。我说，连那么疼他的祖父母都可能因死亡而抛弃他，更何况是忙碌的我们。

我询问着这位辛苦的妈妈，其实是想让小志听见：这些年来的孤独，还有被抛弃的伤口，其实妈妈和我都看到了。

看到真实的小志只是第一步。关于小志，心理治疗的路还很长。

第二课

倾听，慢慢听他说

不作为才是最难的境界

一个已经习惯离家的孩子，要怎样才可能回家呢？

小志逐渐进入会谈时，我开始思索这个问题。

当年，在小志读小学三四年级时，经常吵架的爸妈离婚了。小志先是和最疼他的祖父母住。可是，不幸的是祖父忽然中风去世，而祖母在持续的哀恸里，也就没法照顾小志了。

上初中以后的小志，住在爸爸（经常出差）、姑姑（只是借住没太多互动）和祖母（小志回去帮忙照顾）三个家，但是跟这三个家又没有太多的情感联结。倒是外面的朋友，几乎同样是单亲或家庭有状况的同学，或是高小志两三级的学长，大家相处久了，平常遇到或大或小的状况会彼此照应，反而不知不觉中更有情感的依附，觉得更像一家人。这也是偶尔回家的爸爸，每次责备小志总是将朋友带回家里，小志总不以为然的原因。尤其爸爸在遣词用字之间，经常自觉或不自觉地对他的朋友流露出一丝看不起的口气时，小志总是忍不住顶撞回去。

"当然，这些朋友也不是说就好到哪里去，去年有个家伙就骗了我的钱。但大家到底是相处这么久了，说不定比遇到老爸的时间都还多。"小志用有点儿过早成熟的口吻，跟我提到这些看法，"至少，找他们时，不会像老爸一样没听清楚缘由就乱打人，更不会找不到人。"

小志告诉我这些时，已经是我们会谈的第四次了。他的防卫心态稍稍放下了。他一方面慢慢走进会谈里，另一方面他仍抱着保留的态度，在一旁观望。

第一次来是妈妈带着来的。离婚后多年定居上海的妈妈，被告知小志在学校的学籍可能又不保时，匆匆搭飞机赶回。没想到，虽然离婚多年，和前夫谈起小志的问题时，两人又陷入言语相向的困境。

"你知道，就是你以前告诉我们的，两人在比赛爬楼梯。"小志的妈妈是指多年前面临离婚而找我做婚姻咨询时，我曾形容他们的互动是情绪上的爬楼梯，一个大声喊，另一个就更大声地想压过对方的声音。这是夫妻或家人的冲突常有的现象。

妈妈这几年也过得不算顺遂。第一次会谈时，妈妈也参加了。除了了解小志的问题，就是妈妈的情绪发泄。当时我问妈妈："你有多少时间在陪小志呢？"没想到这触动了妈妈重新做职业规划，决定将工作调回台湾的念头。

这一次会谈是第四次了，回上海处理工作交接的妈妈也来了。妈妈要求在我和小志会谈后，她能与小志谈十分钟，小志也大方地同意了。她分享了这些日子和小志相处的经历。离婚多年以来，她回台湾的时间总是匆忙的两三天，而小志又不愿到上海跟她相聚。于是，过去几年两人见面总是匆匆，仅限于吃顿饭、逛下街、买些东西而已。这一次两人住在了一起，可是她说，小志似乎是很亲近，却总感觉不到他有进一步靠过来的意图，总觉得还有说不出来的很远的距离。

是啊，就算一个孩子，多年来离家成习惯后，即便回家也会近乡情怯的。我这样告诉妈妈："我们不是常说近乡情怯吗？一个人回去，不管是回乡还是回到家人身旁，这种情怯，往往是存在于潜意识层面而无法自知的。"尽管理智上知道妈妈是真心关心他、爱他的，是下定决心留下来陪他的，在小志的潜意识里，他还是担心自己万一习惯妈妈在身边后，又产生当年那种找不到她的绝望的难过；担心目前暂且抑制住的那些对外探求的欲望，一旦自发性地恢复，却被妈妈反对而不得不相互冲突；也担心妈妈进一步了解他以后，对真正的他不满意或不喜欢。

我告诉妈妈："要改变这一情形，大人要做很多。做什么呢？就是什么都不要做，只要充满欣赏和关心地注视着他就好了。对父母而言，为孩子做事很容易，为他们而放弃做任何积极行动，才是最不容易的。"

一部分的小志，也许是希望相信妈妈的。另一部分的小志，其实还在观望：这一刻出现的妈妈，真的可以信任吗？真的不会像过去那个妈妈一样忽然消失吗？

面对这种观望，妈妈只能等待，甚至是相信小志已经依附过来了，连"等待"这一念头都不存在。唯有这种自我欺骗般的百分之一百地相信，才能百分之一百地放心。唯有完全的信任，完全的放心，妈妈才可以自然地和小志在一起，什么事都不做。

如果有具体的事，父母要努力很容易，难的是不要做，让孩子内心微弱的生命力慢慢复苏，直到自己开始行动。这种不要做，才是父母要达到的最难的境界。

泼猴与如来佛

每当暑假或寒假到来时，孩子们是快乐的，大多父母却开始为如何安排充足的活动而感到十分烦恼。特别是近年旅游度假越来越盛，这次放长假家人又带他们去哪里旅游了，似乎成了孩子们开学以后重要的话题之一。如何利用这个学生阶段最长的假期外出旅行，不只是父母必须花些心思，也是孩子们十分热衷的一件大事。

孩子到了青少年阶段，越来越喜欢跟同学混在一起，自然也越来越没兴趣跟父母进行任何活动。这阶段的父母会经常感到很失落，甚至忍不住发脾气。毕竟父母好不容易挪出时间、花费金钱，辛辛苦苦安排的活动，却只是换来长大的孩子十分勉强的反应。

几年前我姐姐的两个孩子陆续上了大学和高中。向来跟着父母玩遍大江南北的他们，开始有同样的反应。他们对父母的各种提议都是兴趣索然，倒是听到我打算自己租车游意大利托斯卡纳，立刻积极地表示颇为好奇。

我开始邀他们帮忙设计旅行攻略。当时专门的旅游书不多，他们自然翻起一些英语的旅游指南；当书不够用时，自然开始上网找资料；当他们开始思考每天行程的安排，包括想去的景点越来越多而必须选择，也包括每天在何处落脚时，他们自然就学会了看地图。

那一次原来是两个人的旅行，加上他们以后，变成六个人了。因为，连他们的父母也觉得他们的计划颇有吸引力而加入了。

其实，我从一开始就先征求了他们的父母，也就是我的姐姐和姐夫的同意。他们原本就会同意，甚至也考虑要参加的，只是没说出口而已。当孩子们投入的心力越来越大时，做父母的自然看到了自己的孩子不可思议的潜力，当然会被吸引了。

那一年我们开着从罗马机场租来的小型旅车。虽然在离开《托斯卡纳艳阳下》影片中的那个小山城时，车子开到水沟里，等待救援的拖吊车找到我们，再到预订的旅馆已经是半夜。不过那次旅行是两位外甥最常提起的，特别是出小车祸的那段往事总是再三被提起，是他们记忆中永远最有趣的经历。

孩子长大了，与父母的相处方式往往遭到挑战。这挑战看似十分难以招架，其实转一个念头就可以了。父母不妨开始将手握方向盘的权力交出去，让他们来执行。他们从过去熟腻而开始觉得无趣的被动状态，转为主动，心里的感觉是十分兴奋，好像小小孩有了全新的玩具。

当然，让孩子规划旅行，可以循序渐进，先让他们选地点、找旅行社，让他们了解家里的预算。他们的计划不可能是完整的，父母自然可以在无形中加入自己的意见；不擅长旅行的父母，则可以寻求朋友的协助。

父母可以做到完全放心吗？当然不可能。

孩子长大了，父母要有一个心态，如果希望孩子的未来是成功的，要将他们当成孙悟空：既是日行千里的高手，也是经常出状况的泼猴。然而，父母也要相信自己是如来佛。如来佛是永远不会有任何被察觉的焦虑的，因为他相信：孙悟空再怎么翻转，都永远逃不出如来佛的手掌心。

父母可以相信自己是如来佛，是因为从小到大对孩子的信任和关心，是孩子一直以来的安全基地。只要孩子有情感的牵绊，一定会在累了或受到挫折的时候就从外面回来——只要这个家是打开双手接受他的。

如来佛真的不动如山，一点都不着急孙悟空这次的筋斗又翻到哪里去了？

我相信，当年孙悟空拿起金箍棒，驾起他的筋斗云时，如来佛看似轻松自在，其实也会偷偷瞄一眼，看看那猢狲又翻转到哪里去了。

当宝贝女儿变成大小姐

最近的一次聚会，几位朋友聊起这个暑假的旅行经历。坐豪华邮轮的，或是重返背包客行列的，都有不同的经历，叫人称羡。

众人聊得眉飞色舞之际，一位沉默许久的朋友，却说出了不同的心情。对她而言，这个暑假简直是灾难一场。

她幽幽地、哀怨地说："幸亏暑假要结束了，否则还不晓得要和我们家大小姐闹多久呢。"

昔日她口中的宝贝女儿，怎么变成今日让她急着回避的大小姐呢？

就像老电影《屋顶上的小提琴手》里，在主角女儿的婚礼上，年长的族人围绕着新人，哀伤地唱出的歌词："这可是我当年带的那个小女孩？这可是我当年陪玩的那个小男孩？"

电影描述的是一种岁月的感伤。而我的朋友，这位大小姐的妈妈，除了感伤，其实还有更多的怨，更多的愤怒。

原来，她女儿今年要升高二。前一年升高一，有许多事情要处理；再前一年要准备升学考试，暑假等于没放。她原本以为，这是一个难得的完整暑假，所以满心期待，希望能来一趟像女儿在小学或初中时期那样的母女旅行。她们可以再去欧洲的某个城市，逛逛博物馆，坐在路旁或广场喝杯咖啡。

没想到第一个困难是时间，连和女儿事先敲定个时间都没办法实现。

女儿和同学制订了很多令人兴奋的计划，可是都没有确定的时间。而这些活动没敲定之前，女儿对妈妈一再询问何时出发，也就越来越不耐烦。当两人的关系紧张到一定程度时，连确定地点也是问题了。女儿一冲动，脱口而出："干吗去巴黎、维也纳逛无聊的美术馆。别人的妈妈都让自己孩子去东京新宿或首尔购物，为什么你就不让我去？"

父母都知道，孩子总有长大的一天，也都期盼孩子长大后有自己的主见。只是，当事情真的发生时，却又是如此让人措手不及。原本以为怎么这么久了孩子还那么幼稚，结果忽然有一天他就长大了。而且，这觉察往往是要经历许多冲突，父母冷静下来后，才能慢慢感受到的。

几位朋友也讲起他们的经历。其中一位甚至说，自己前两年很少参加老朋友聚会，就是因为他和孩子的关系太紧张，得了抑郁症。

一位朋友说，后来他和太太看开了，就开始将家庭活动改为夫妻两人的活动，结果跟孩子的关系就变好了，夫妻相处的时间也多了。另一位朋友接着说，也许孩子长到一定年龄，叛逆其实是为了让父母继续成长，学会不去担心，学会信任。

那一天的聚会，除了旅行，我什么也没多说。倒是从他们一整晚探讨的"民间心理学"中，学到了很多专业上的东西。

怎么说都不听的时候

朋友带两个孩子去玩具城，挑选新年礼物。每次朋友总是要求每个孩子只能挑一件，价位是在多少钱以下。这一次也不例外。

"玩具城"三个字听起来就十分诱人，甚至连已经是中年的我，也会偶尔在影城等待电影放映时，拐进旁边的玩具城，经常是流连忘返，甚至看完电影后再回来逛逛。

我的朋友说他们每次一去，总是不容易离开。这次也不例外，两个孩子一到玩具城果真一下子就跑得不见人影。

小的才六岁，没多久就带来一把炫酷的太空枪，LED 灯五光十色的，声音十分清晰响亮。可是哥哥还没回来，弟弟却拎着他的玩具纸箱急着要拆开。朋友只好带着他先去结账，让正在兴头上的弟弟先去享受他的新年礼物。

十岁的哥哥玩这个挑玩具的游戏已经好几年了。一年又一年的学习，他知道自己回去以后，总是遗憾选错了玩具，永远是那个最后放弃的玩具是回家以后最怀念的，所以也就懂得慢慢地挑。要一台有着超炫功能的遥控车呢，还是手持式的游戏机呢？前者实在太炫了，拿到学校同学一定都抢过来看，可是前年已经买了一台遥控车，没两个月就坏了。但是游戏机呢？好多同学都有了。

哥哥还在犹豫，弟弟拿着枪靠过来了。朋友知道，弟弟已经渐渐对他的新玩具不再兴奋，才会想起来走过来找他们。弟弟盯着哥哥在挑选的玩具，又看看四周的玩具，好像刚才都没看到这些新玩意儿似的，眼睛也就亮起来了。他开始东摸摸西摸摸，索性连枪都放到地上了。

哥哥决定要游戏机了，因为"同学有的，我也要有"。哥哥虽然还是念念不忘那台遥控车，但终究还是放弃了。倒是弟弟开始说他想换遥控车，不要太空枪了。朋友跟他解释买过的东西不能随便退，弟弟似乎有点懂，但马上又说不然当儿童节礼物先买了。朋友开始不耐烦了，从语气可以感觉出来自己的生气，继续搬出一开始就说清楚的"一人只能买一件"的原则。

弟弟在争取的过程中，一开始是啜泣，然后掉泪，见不起作用时就整个人赖在地上，歇斯底里地大声号哭，哭声越来越高，最后变成尖叫的嘶喊声，几乎所有玩具城的人都听见了。朋友原本还不知不觉地淹没在自己越来越高涨的气恼中，忽然感觉许多视线朝自己的方向望过来。互不相识的顾客，似乎全都要来瞧个究竟，甚至一些小朋友都直接跑过来围观了。朋友觉得十分不好意思，好像自己在公众场合虐待儿童，就要激起公愤了。

这样的情形已经不止七八次了。

上次朋友曾提到这样的难堪，我给过他一些建议，他这时似乎还记得，便打算试试看。

先是停止跟孩子说道理。任何人，不只是孩子，情绪高涨到一定程度，是无法对他人的说教做任何理解的。这时说道理，只会让他觉得被指责，更让他会恼。

然后用力地抱起来约束孩子的手脚。六岁的孩子有点大了，抱起来都不容易，更何况一手要抱住他的手另一手要抱住他的脚。但只有紧紧抱住他，抱紧到让他一点挣扎都没办法，他才开始放弃挣扎，然后才会慢慢平稳情绪。

这时候，大人脸上的表情要尽量平和，眼神充满关心。如果是生气的眼神，"抱"就变成"绑"；如果是平和的，当孩子逐渐平静，开始对外界的信息有片段的接收时，他第一个感觉是有人在他很失控时还是"抱"着他。

然后，这抱的力量随着挣扎的减少开始放松，同样也是让他不觉得被处罚了。

最后等他平静一段时间后，再回过头来讨论发生过的事。

朋友回家以后，有点兴奋地打电话给我，将整个处理的过程讲了一次。虽然有些细节疏忽了，但对我这位朋友来说，他自己不只是多学习了一个技巧，似乎也领悟了许多。

他在电话那一端说了许多以后，忽然问起："但是孩子太大了，抱不动时怎么办？"

我告诉他，其实对待青少年也是一样的原则，包括情绪高涨时不再多说话，等大家都平静了再说道理。只不过，这时我们不再用双手、用力量来抱住（绑住）他了。我们用关心、用非语言和语言的沟通，来达到这样的效果。

当青少年和我们发生冲突时，在他夺门而出的那一刻，或是在许久以后才偶尔电话联络，所有的沟通信息都暂时仅限于两种功能：关心他和欢迎他回来。大部分的时候，这两种功能最好是通过不说任何话，只是专注地倾听来表达。如果真的非说话不可，那就尽量短也尽量少。比如说："还好吗？""照顾好自己。""想回来就回来吧！"这一类的话，也就够了。

孩子什么都不听时，不说话、专注倾听就是最好的方式。这看起来什么都没做的方式，其实是父母最难做到的。

慢慢听他说

彦桦是一位高大的男孩子。他走进诊疗室的那一刻，房间忽然有被塞满的感觉。爸爸表示，他们家族的个子都大，身高都在一米八以上，骨架也特别宽，一家都是天生打篮球的料。

爸爸讲到最具破坏力的篮球中锋时，可以察觉到他那一刻迟疑了一下，他忽然偷瞄了彦桦一眼，似乎担心什么似的，然后才又继续他的谈话。

"好像想到什么，让爸爸稍稍迟疑一下。"我趁爸爸停顿换气的时候，插了个话。一方面是提出可以将话题再深入的问话，另一方面也是担心爸爸会滔滔不绝，急忙打断他的话，怕其他人开始不耐烦而拒绝预期的互动。

诊疗室里还有妈妈和彦桦，再加上我，总共有四个人。我们这一天谈话，其实是十分典型的家庭互动过程。

当初妈妈提出全家寻求专业咨询一起来谈话，是因为父子两人发生激烈冲突，似乎越来越频繁了。当然，这样的提议，一开始彦桦不同意，爸爸也不同意，他们的理由一模一样："我又没有错！"但是，一次比一次激烈的冲突后，两人也感受到了连自己也没预期到的火气，也就慢慢默许了。

彦桦读高二了。家里开始充满火药味是两年前开始的，当时彦桦正要从初三升到高一。爸爸没察觉自己对彦桦中考的结果其实是失望的，在一次又一次谈话中，不经意地对彦桦考上的那所高中，总是流露出不屑的口气。终于，向来不应声被认为是内向、沉默的彦桦，忽然开始抓狂了。从此在家里，爸爸每次不管讲什么，彦桦都呛回去。

这是妈妈约诊时，在电话里依自己的观察所提到的。在约定的时间开始会谈时，我先问起今天聚会的目的，在场的四人一开始都沉默，焦虑许久的妈妈只好先开口，她又讲了一次。

妈妈还没说完，原本不讲话的爸爸就插嘴了："有吗？是这样子吗？我们这儿子本来就谁也不怕。"儿子皱了一下眉头，没搭腔，爸爸这一边似乎有某种默契，也就一直侃侃谈下去了。

篮球中锋的问题，其实是彦桦在会谈过程中第四或第五次对爸爸的谈话表示不满了。一开始我就观察到了，但不太敢确定，再加上对于这个家庭不够了解，我还需要对他们的互动观察更多一些，也就没做任何反应。

在诊疗室里的互动，不可能跟家里一模一样，因为多了治疗师这样一位外人。不过，如果治疗师先不着急登场，还是可以呈现出和家里相近的互动过程的。彦桦他们父子在家里的互动，恐怕也差不多是这样。只是多一个外人，大家开口会慢一些，而彦桦的忍受度也暂时会增加一些。当我终于开口问话时，彦桦已经用他的坐姿和表情表示了四五次的不耐烦：如果在家里，恐怕早就呛回去了吧。

"好像想到什么，让爸爸稍稍迟疑一下。"

我是这样问话的，而爸爸忽然被打断，想了一下，没有表示。我进一步用眼神向彦桦邀约，但他似乎也不习惯，低下头去，仿佛没看到我的示意。我于是开口，用平静而不经意的口气问道："彦桦，都是爸妈在讲，你要不要说说看？"这时诊疗室陷入沉默可能不止几秒，每一个人都感受到压力，性急的爸爸忍不住要开口好几次了，还是让我用手势给挡了回去。

然后，彦桦终于吐出几个字，慢慢地说："也没什么啦。"许多青少年的谈话"热身"是很慢的，像昙花开的速度一样，在一开始时，是一瓣一瓣慢慢展开，然后才迅速盛开。当彦桦讲得更急切时，爸爸妈妈虽然不能全然听懂，但至少是更清楚彦桦的想法了。

彦桦想说的是，他知道当提到中锋这件事时，爸爸心里是闪过说错话后悔而迟疑一下的念头。从小爸爸就嫌他反应慢，嫌他不会打篮球，空有家族遗传的大体格却没有运动细胞，是家族里唯一一个不是篮球中锋的人。

我慢慢引导，他更清楚地表示，自己最容易生气的事，就是爸爸总喜欢用讽刺的口气说他。每次明知爸爸是想激励他，可是一听到他用讽刺的口吻，忍不住又抓狂了。

第三课

放手，孩子需要冒险

如何放心让他飞翔

　　小熙的父亲昨晚深夜打来电话，我没接到。我是早上看到手机提示才知道的。

　　我早上起床还不到七点，这时回电话又怕吵醒小熙一家人。不过，我猜想，恐怕是小熙昨晚离家出走，慌乱的父母折腾了一整个晚上。手机显示六通未接来电，从晚上十一点半到清晨四点。听听手机的留言，果不其然，是昨天晚餐时一次严重的冲突后，回房间关起门的小熙，不知何时离开了家。

　　在这个寒冷的晚上，小熙会去哪里呢？

　　第一次见到小熙是三个礼拜前，一看就是那种努力念书的乖学生。以高三学生来说，他其实是羞涩紧张的，但说起话来已经有条有理了。

　　陈越熙，这是记录卡上的名字。不过，他父母总是"小熙、小熙"地称呼他，我也就依样画葫芦了。

　　小熙高一和高二的成绩十分优异，可是升了高三开始经常头痛无法上学。眼见学测（台湾地区高中每年1月底或2月初举办的"大学学科能力测验",简称"学测",成绩用于 4 月至 5 月的"甄试入学"参考)即将到临,遍访内外各科名医的父母,最后才不得不经由辅导老师的介绍,带到台大医院找我问诊。

三人一起走进诊室的刹那,我就决定要父母会谈到适当时候,让他们先出去外面,只留下小熙。

经验使然,从他们进来刹那的非语言信息中,就能感受到父母的强势。我们两个人单独的谈话,是从他的头痛,谈到他爸爸是如何粗暴地拒绝他想休学或延迟毕业的念头。

第二次的会谈,父母还没经我同意就冲进来了。父亲用十分愤怒的口气说:"医生凭什么给孩子'洗脑'?"面对突如其来的兴师问罪,我一下转不过弯儿来。原来上次会谈后,小熙头不再痛了,也更清楚地表达不参加考试了,因为不知道自己为什么要读书。

父母认为都是我施了魔法,一次的接触就让小熙改变了,也就不准他再来见我了。我听了这对父母义正词严的表达,只能无奈地笑笑。我知道问题会更严重,但也知道在这一刻所有的语言都无效。只能在最后告诉这对理直气壮的父母说:"万一哪天有我帮得上忙的,还是欢迎回来,不必担心今天的紧张气氛。"

父母其实也是不容易的角色。

开明也好,保守也罢,父母总不自觉地依循自己父母的教育方式来教养孩子。虽然自己父母当年让自己不满的地方,不会再出现在自己教育子女的方式上;再加上媒体上各种亲子言论的提醒，有些许的修正，但这两者可能只占一两成。大部分的教养，是父母不自觉地反映出来的，也就像极了自己父母当年的方式。父母以为自己改变很多，其实这改变是十分有限的。

于是就像当年父母的父母认定外面的世界是危险的，小熙的父母也认为外界是不安全的。虽然父母了解走出去的必要，但学不会如何放心。于是，小熙想飞出去的欲望被不同的理由一再扼杀。然而小熙最后真的飞出去了。我发了一条信息给小熙的爸爸，整晚六通电话必定是急坏了。

我也发了一条信息给未接电话的小熙："辛苦了，记得要好好照顾自己，累了就找地方休息。如果可以，发一条信息给爸妈，也给我。你知道，我们必定是会担心的。"

我不担心他的安全，因为，我知道每一个乖小孩其实都比我们更畏惧这个世界，一切行为也就更谨慎，所有的决定都会使自己更焦虑不安。我只想问：不晓得这一个晚上在外面的飞翔，小熙勇敢拍动自己的翅膀后，感觉如何？在黑暗中，他又遇到哪些让他更成长的光和影？还有，酸痛的翅膀又带给他怎样的新的想法？

孩子需要的冒险

寒冷的季节，虽然冬阳穿透云层让户外的天空特别的蓝，但室内仍然袭来一阵一阵的寒意。诊疗室的气氛在这时候最尴尬了，如果只是这样坐着，寒意开始从两脚逐渐升起。可是，又怕开了电暖气，催促了这温度，让这场会谈的张力迅速突破而爆炸。特别是那天的会谈，来访者是两个年迈的父母和四十岁出头的儿子。

"你们总是对待我像小孩子。中午家族聚餐时，堂弟媳一直帮她的孩子将肉切小块，而那个孩子一直说够了够了。那孩子已经七岁了，为什么没人相信他可以吞下那一块肉？我的情形就像那孩子，从小就没人相信我的意见。"从澳大利亚回来过圣诞节的儿子，忍不住燃起话题。

这是一个华人的心理咨询室，正处理一个我们社会里典型的问题：究竟什么时候，父母应该和孩子适当地开始分离？分离的问题，其实是可以从三个方面来思考的：父母、孩子和孩子终将离开父母而迎风飞向的社会。

孩子们所错失的……

寒流来临，我除了处理心理咨询的工作，几乎都窝在家里看书，这些年来出版业太发达了，每个人手上都有一堆很想看却没空阅读的书。优哉的假日，我一口气看了三本书，其中一本太精彩了，是关于这时代小孩子的《失去山林的孩子》。作者理查·洛夫原本是一位专业记者，也是环保工作者，后来投入儿童的自然权益工作。

在理查的观察里，现在的孩子越来越没有机会走入大自然，因为在大自然中玩乐被非法化、时间压力化，缺乏亲近大自然的教育思想下，孩子对大自然产生莫名的恐惧。他甚至引用一些临床研究的结果，发现绿色环境接触的多寡，是和孩子大脑的发育有关的，因为大脑相关的心智疾病，如注意力缺失症，是可以通过接触大自然明显改善的。

这也让我想起另一本书《喜悦的脑》，加州大学洛杉矶分校的精神医学教授丹尼尔·西格尔所写的。他主要是谈心灵的力量，包括冥想等，是如何改变大脑的。然而，这概念是延续自他多年以来的相信：孩子日益减少与人的接触，将降低大脑的许多功能。

理查讲的是孩子与大自然的接触，而丹尼尔则是强调孩子和人的接触，这些都是过去的心理学未曾发掘的议题。

每年我都以小团体形式来督导医院精神科第三年住院医生。前一阵子，新旧交接，我例行和新的一批做个别交谈，发觉这一年的几个医生刚好都是从小在城市长大的。虽然他们有的喜欢旅行，有的早已立志到乡间当精神科医生，但是，总还是对他们缺乏与大自然、传统社群的接触，感到有些遗憾。

我经常在诊疗室里，倾听比我年轻的个案叙说他们的成长过程、他们的童年，以及他们初中以前的生活，总会让我感激自己幸亏出生在我国台湾地区经济还不甚发达的乡下。这样的环境，让我像马克·吐温笔下的顽童汤姆，有一片足够广阔的田野和山林可以去冒险，有一个足够大的小小市街可以去迷路。

我还记得在一次会谈里，一位个案告诉我他冒险归来的兴奋感，他的双眼露出会谈许久以来从没有过的光泽。

适当的冒险与挫折

彦霖是因为太懒惰而被父母带来会谈的。这样的孩子从心理治疗角度来说，其实是相当棘手的，比自伤和叛逆还不容易，可能也比慢性拒学还难处理。在许多次的父母会谈和更多的个别会谈后，妈妈同意不再安排他每天的接送，也放松下课后的辅导。几个月以后，在一次会谈里，不需要太久的暖身，他就兴奋地告诉我：他自己那天没坐公交车，一路走回家的。

彦霖就读的是一所很好的学校，当时是九年级。其实他家住得并不远，坐公交车只要三四站就可以到家了。可是从小由司机接送，加上天生内向，他从没有过与同学一起下课的这类经验。对他来说，即使只是一个人踏上公交车，也是一件可怕极了的经历。司机不经意地回头一看，似乎也是会吃人的。在漫长的会谈里，我们经过许多想象的演练，他终于可以一个人坐公交车。然后，不知何时，他也试着一个人走回家了。

当他兴奋地告诉我如何一个人走回家的过程，我刻意地将话题谈到路上经过的一些商店，间接鼓励他开始观察他走过的环境，因为一旦可以开始看着对方（环境或人），对方也就不会带给自己任何威胁或恐惧了。

在我们快结束会谈的前几次，他又一次兴奋地告诉我如何走进他家附近的便利商店。他第一次一个人走进商店；可以对店员清亮的"欢迎光临"回以微笑；可以慢慢挑选自己喜欢的商品；可以在柜台前、在店员面前，将找回的零钱算一下，确定正确。这对很多人来说，可能是五岁或十岁就有过而早就忘记的经历，但对彦霖而言，虽然十五岁了，但那种兴奋，完全不逊于在密西西比河流域冒险的顽童汤姆。

一位被家长认定是网络成瘾的个案，重回大学之后，在会谈中向我表示：比起真正的世界，网络的世界安全太多了，没有真正的伤害，觉得事情有点严重就再换一个账号。虚拟世界较少带给自己挫折，但他说，真正的世界，如果可以走进去，其实好玩很多，难度也高很多。

当然，像彦霖那样，能够让爸妈终于放手，其实是经过一番努力的。我还记得第一次向他父母解释为何需要让彦霖一个人去探索时，妈妈最无法放心的是：他可以保护自己吗？在很多父母的眼中，他们相信自己的孩子在现在这个社会里，就像是处在一片十分危险的丛林中。我记得那时妈妈不安的模样，急着提醒各种危险："虽然我们家尽量用一般的车子，昂贵的轿车是一定避开不买的，免得被跟踪绑架了。但是，医生，你自己在新闻上也看到了，还是有很多人被绑架了。"

父母会恐惧，是因为父母关心孩子，害怕孩子有任何危险。只是，父母都没被提醒：当父母在为孩子铺出一条不会摔跤的安全大道，当父母在每次跌倒前就迅速拉住孩子时，其实也剥夺了孩子一次又一次的成长机会。

英国小儿精神分析学家温尼科特就提出来："最能促进孩子们成长的最佳环境，就是适当的挫折。"所谓适当的挫折，就是不会大到让孩子一蹶不振的伤害，像创伤一类的，但也不是不痛不痒，完全没成就感的老把戏。

然而，父母要怎么斟酌呢？

放不放手，永远的考验

再回到那一位四十岁出头的个案吧。他抱怨着父母总是不让他自己做主，不信任他可以做任何事。其实他在澳大利亚是发展不错、收入颇丰的专业人士。我从没想到，原来父母当年的不敢放手，还可以持续到孩子的中年阶段，甚至继续作用，变成孩子内心对自己的不确定感。

我告诉父母，也许该看看这许多年来他获得的成就，应该给他更多的赞赏。我告诉个案，该上路了，面对的是自己，而不再是永远不可能改变的童年遗憾了。

然而，在为人父母的这一条路上，放不放手，是永远的考验。

当孩子离家出走

躺上床不知睡着多少时间，手机忽然响起，将我吵醒了。

身为一位心理治疗工作者，在必要的时候，我是会将手机号码给个案的。过去心理治疗这一专业是不可以擅给私人电话的。但我认为，那指的是固定住所的传统电话，而手机则不同。手机可以关掉，可以静音。通常，我的手机是维持静音状态的。我会告诉我的个案或家属：可能进行会谈中，也可能在休息，所以无法立刻回复，也因此最好发短信，我会尽快利用空当回话的。

而这一次，入睡前我忘记将手机静音了。响起的手机，黑暗中的荧幕特别刺眼。我看看来电显示，是文生的妈妈。她不会随便打扰别人，凌晨一点多来电一定是有什么紧急的情况。因为这样的担心，我也就接起了电话。

文生是一位高三的学生，就读于一所数一数二的男校。他的个性是追求完美的，上课的笔记写得极其工整又巨细无遗，这在男生中很少见。高一如此，高二如此，成绩也一直名列前茅。只是，升上高三的暑期班，文生开始不想上学。最先是有剧烈的头痛而请假，待所有检查结果都没问题时，他就索性拒绝上学。

着急的父母问文生怎么回事，沮丧的他一直说自己很笨，只懂得读书。除了这点，再也问不出什么。

这情形在开学后还是没改善，父母就在朋友的建议下来找我帮忙。

第一次见面，文生很勉强地来到我的诊所。会谈过程中，慢慢了解到，向来有些内向的文生内心深处其实是向往着课外活动的。他特别羡慕那些可以交到很多朋友的同学，可以带领大家去干这个干那个。他也羡慕那些学习虽然不好，但多才多艺的同学，不管是网络游戏、偶像剧或文艺哲学，他都自叹不如。

这一次的会谈，我虽然试着了解他的困扰，让不擅表达的文生将自己的疑惑整理得更清楚。但是，文生终究还是拒绝来会谈。他对自己的未来有很深的怀疑，也就拒绝让父母为他的状况在金钱或时间上做更多的付出。

接下来的会谈文生果真没出现，我也就趁机会和既沮丧又愤怒的父母做一次深入的会谈，提供给他们一些可能的想法和做法。手机号码也就是那一次给的，而这也是仅有的两次会谈。

那一天我接起这一通半夜响起的电话，焦虑的妈妈急急地将事情描述了一下。原来晚上爸爸下班回来时，看到文生又在看电视，忍耐许久的爸爸终于爆发，许多气话都脱口而出了。被激怒的文生，晚上十点多忽然说要离家出走，就走出门了。他没带手机，身上的钱也不多。

我忽然想起那唯一的一次会谈时，文生曾提到自己有一次跟同学去诚品，他很羡慕那位同学熟门熟路的，什么书摆在哪里都知道，还经常半夜一个人去逛这家书店。于是我告诉文生的妈妈，如果附近的便利商店等都找过了，是否要到二十四小时不打烊的诚品找一找。

其实，这可以说是常识了：在台北市，如果有一位所谓的好学校的学生半夜离家出走了，几乎七八成都是跑到敦化南路的诚品书店。

从发展的观点来说，离家原本就是青少年这个阶段的重要发展目标。只是，这个离家因为几个因素的影响，而变化成各种不同的面貌。

这位青少年是否天生外向？是否从小被鼓励向外探索？他的独立能力到达怎样的程度？离家的能力是他在出生以后，青少年阶段以前，一步一步累积的。

当离家的意愿强大到一定程度时，他的环境，特别是他原生家庭中的父母，抱持怎样的态度？是支持的还是反对的？

最理想的状况是，孩子从小就有适当的向外探索而累积了足够的能力，于是当他想离家时，他能叫人放心。而父母要能放心，基本上要先信任孩子具备这样的能力。如果这样，离家就是被祝福的。

然而，文生也许是天生就较内向，对外探索的倾向也较低，再加上父母从没主动鼓励，累积的能力自然是相当不足的。在这种情况下，父母对他想往外活动的意图也就相当不放心，自然有忍不住加以阻拦的反应。

只是，当这样的意图一开始萌芽，父母根本压不住，甚至越阻拦越适得其反。于是，像文生这样，半夜跑出去的危机就出现了。只不过，万一这现象真的出现了，青少年在没准备好的情况下就负气出走，父母其实也不用担心。在正常的情况下，一个孩子如果是在足够被关心的环境下（也就是家）长大的话，他对家也就有一定的安全感需要，他的离家将是以家为中心不太远的距离。距离越远，他的恐惧会越深，很自然又会跑近一点，甚至自己就回来了。

最怕的就是父母没好好处理自己的情绪，在孩子回来时反而恶言讥讽，"有胆就不要回来呀！"这类的话，不经思考就脱口而出。这时，原来充满恐惧而回家的孩子，不仅没被拥抱，反而感觉到比恐惧还更不舒服的羞辱。这时，如果他再一次离家，可能就不会在家附近了。因为，这时的家再也不是他过去的安全基地了。

第四课

互动，与孩子一起做决定

每个人都需要可以归属的基地

今年冬天是一个特别漫长的寒冬，全世界似乎都陷入看不见春天的焦虑。我上一周在台大医院精神科看诊时，感觉又有一点感冒了，心情不免有点沮丧。

门诊开始，像往常一样有些老个案要求加号，有的是错过原来预约时间，有的是要调整药剂，还有的则是许久不见又再回来求医的旧识。小珊也来了，她就站在一群人里，不疾不徐的。

成为家里的"代罪羔羊"

第一次见到小珊是九年前了，当时她读高中二年级，因为一场失恋而不再上学。那时的她十分年轻也十分倔强，是被父母强迫"押"到我的心理治疗门诊的。随着会谈的推进，慢慢地我才理清原来在更早的初中阶段，小珊的情绪随着父母的婚姻关系的恶化，已经逐渐有越来越多问题了。

那一次他们会来求医，完全是学校辅导老师坚持的：一方面是小珊的状况太棘手了，另一方面是辅导老师也隐约察觉这个家庭的关系是不易处理的。于是，早就分居一年多的父母，终于因为小珊出了一个大状况，又像一对夫妻一样，坐在一起讨论一个双方难得看法相同的问题。

家族治疗中，将这种情形称为"代罪羔羊"。孩子会潜意识里将自己变成问题（从学龄前到离家独立前都可能），也许是闯祸、也许是生病，而快要分崩离析的家庭因为要解决这个问题，又重新凝聚在一起。

当时也许真的是一场早恋的打击让小珊不愿再上学，但是，我们也可以说，这是小珊对父母之间复合机会似乎越来越渺茫而感到绝望之际，她的潜意识所做出的最后一搏。当然，这种努力终究不能解决问题，父母还是离婚了，小珊也因此进入漫长的封闭生活状态。

再见到她时，已经隔了四五年。前一年她以同等学力考上大学却又休学，即将重新复学的那一个月，她主动向母亲要求找我做心理治疗。

她和母亲之间还是吵吵闹闹。每次小珊一闹情绪，母亲就更抓狂，两个人经常在我的诊室歇斯底里地大吵，分不出谁才是需要被治疗的人。至于爸爸，我早就放弃了。他每次总是有理由在约好时间的最后一刻缺席，甚至跟孩子约好的聚餐也是如此。

于是，小珊的治疗，也就越来越以个别治疗为主。小珊对父母的需要，也果然如预期的，越来越转移到我的身上。随着小珊在大学和研究所的发展，越来越融入同龄人的人际关系，这种依赖也就逐渐转移。

小珊治疗的频率因此逐渐减少，终于"结案"。

这一天小珊来台大门诊，我以为又出事了。没想到轮到她时，她说也没什么事，只不过周末又和妈妈吵了一架。她早已经学会如何处理妈妈的情绪，只是那天提到一些事，妈妈又作势要跳楼，她一方面劝妈妈，一方面自己的内心觉得好累，好像快撑不住了。于是挂个号，觉得只要来看看我，像过去做心理治疗时一样的氛围，感觉旁边有个人了解她，所有疲惫就可以烟消云散了。

我知道她的意思，也感觉小珊越来越成熟了。然而，不论多成熟，也许我们都还是需要一个让自己有归属感的安全基地，即使是象征性的存在亦可。

人都会需要安全的基地

成为父母亲，有时十分不容易，有时却又很简单。

当父母和子女之间因为某些事而发生冲突时，如果能够先平静下来，回到平常依然关心对方的心情，甚至眼神也是维持着以往的亲情，不管彼此之间原本发生过什么事，不管对子女有多少理由生气，终究会平息，然后再慢慢靠近，恢复原来的亲密。

父母要记得自己不再是小孩子了，不要陷入情绪里而忘了自己的角色。

父母也请记得，自己的情绪将会让自己变成孩子眼中的危险火山口，而不再是安全的基地，是会将孩子越推越远的。而每个人，其实都需要安全基地提供归属感。

父母自己虽然也需要，但千万不要期盼子女会先平静下来讲理而成为自己的安全基地，因为那就如同不自觉地期盼孩子变大人，而自己还是没长大。

我离开医院开始专门做心理治疗，虽然已经进入第十四年了，但我还是在原来的台大医院保持兼任身份，维持每周一次的门诊。这些年来，台大医院经历了许多改变，是在一点一滴、不知不觉中改变的。而我看诊的方式还是尽可能保持不变，包括时间，每周固定不变的时段，持续了十四年。关于这一点，我内心深处感谢医院的包容，允许这样一个宛如仪式的活动，像脐带般给漂流在外的我不知增添了多少安全感。

我不晓得是否每个人都需要这样的感觉，一个人的独立，又可以独立到怎样的程度？但至少，有人类的文化艺术创作里，乡愁、母亲或回归大地这一类主题，始终是人们最有共鸣的欣赏。也许，这就是所谓的终极召唤吧，是每一个人终身无法去除的，无论他多么有成就，无论多成熟。

在这个漫长的冬季，这召唤恐怕在每个人的心灵深处又再次响起。

从缺席到太亲密

前一阵子，我去剧场看法国剧团演出的戏剧，契诃夫创作的《万尼亚舅舅》。表演并不突出，不过是忠实呈现剧本罢了。只是，在小小的剧场里，遇见许久没见的老朋友，他们夫妻带着两个分别上大学和高中的孩子一起来看。

随着年纪增长，周边的朋友不知不觉都成了青少年的父亲了。他们经常表示要做一位跟自己的父亲不一样的父亲，也试着做不一样的努力。

然而，现代社会的父亲究竟有什么不同呢？在回答这个问题以前，似乎要先思考：父亲的角色中，有什么是永恒不变的呢？

父亲，孩子眼中的第一个人

人类出生到这个世界，开始认识这个世界的过程中，父亲是他生命中第一个从一开始就以"个人"的形式出现的对象。这样的讲法，必然会有人问："为什么是爸爸而不是妈妈？"

婴儿认识妈妈（或替代母职的主要照顾人），是先认识她的手、乳房、笑脸、声音等，是从部分的片段开始认识的，随着日后的成长才逐渐发现，原来这些声音、拥抱、手臂等，都属于同一个人。婴儿是先认识妈妈，但爸爸确实是婴儿第一个从一开始就以"一个人"的状态所认识的。

　　因此，在许多层面上，对子女的成长而言，父亲有许多的不可取代性，父亲是孩子跨入世界的第一个认同对象，父亲也是让孩子明白这个世界（包括妈妈）不是以他们为中心的，甚至，单单父亲的存在就可以对孩子的成长产生重要的影响。

　　时代在改变，但有些问题是不变的，父亲的"缺席"似乎是现在仍然常见的状况。一位在美国长大而回来定居的爸爸，即使工作很忙，仍然坚持要为孩子找周末练球的团队，因此跑遍了很多地方。他说，当年在美国长大，最难过的是周末去打球时，其他同学的父母都在场陪伴加油，只有他一个亚裔球员，自己一个人搭同学的便车去打球，又不得不拜托同学的父母再载他回来。当时的他不明白，为何父母要在正业之余从事房地产买卖，每个周末总是忙碌整理新购入的旧屋。虽然现在知道了，当时父母刚移民，急着在经济上为他们创造一个好环境，才在工作之余又从事房地产投资事业。只是，对他而言，在他的童年成长阶段，父母从没出席过他的比赛（更别提平常的练习了），是一个永远的创伤。

遥远的父亲形象

父亲的缺席似乎是许多人成长过程中的痛。

缺席并不一定代表不存在，父亲的缺席只是让子女失去认识真实生活中的父亲的机会罢了。子女心中还是有着父亲的形象的，也许是能干，也许是严肃，也许是霸道不讲理，也许只是忙碌没时间，这些父亲的形象都是遥远的。

遥远的父亲形象有什么弊端？

当感情互动是生疏的，而彼此的期待不合生活的真实，两人终于真正相处时，就会出现严重问题。如果是近距离地在一起，两人必然是要经历许多冲突带来的痛苦，才能学会重新互相认识。否则，两个人可能永远保持一段不可以说破的距离，永远不再亲近。

一位朋友的儿子就要大学毕业了，这些年来事业有所成就的他，蓦然回首，才发觉自己与儿子连最基本的交谈都很少，都不知如何跟儿子说起。我劝说他们一起去旅行，去一个儿子提出来而父亲也觉得很有趣的地方。毕业典礼一结束，果真，他们就一起去了东非。我相信，这一趟不算短的旅行，他们一定会吵架。然而吵架是好的。当关系疏远的家人可以互相吵架时，就彼此开始进入自己的生活世界，开始成为自己在乎的人，然后，关系才可能开始亲近。

眷恋的亲子关系

即使父亲不缺席了，父亲又有哪些该注意的呢？

一位母亲来到精神科门诊，忧心忡忡地表示："我知道这说不定是我这个当母亲的太紧张，甚至是太'吃醋'了。但是，我实在担心，女儿都已经读小学高年级了，但是先生还是陪她一起洗澡。"

另一位父亲则很炫耀地表示："我和女儿的关系是很棒的。她考高中压力大，就过来找我们一起睡。现在考完了，还说跟我们一起睡比较好，要搬来我们房间。"

过去是缺席的父亲，但现在时常会出现一些十分眷恋亲子关系的父亲。究竟，父女或母子可以亲近到什么程度？

这个问题的回答，不是可不可以一起洗澡，或同睡一张床而已。这个问题的回答，其实是视父母之间的关系和母亲与子女的关系而定。

以一起洗澡这件事为例：如果夫妻经常一起洗澡，甚至是以更亲密的方式来共浴，而母亲也常有跟女儿共浴谈天的机会，这样的话，父亲与女儿共浴也就不算什么。

父或母与儿或女的亲近可以是无限发展的，因为亲近是可以经由各种形式的分享而获得的。但是父或母与逐渐步入青少年的子女之间的亲密，则是以情感程度为依据的，而这种情感的程度，以不超过夫妻之间的亲密关系为原则。

如果夫妻关系不亲密，但与某位子女特别亲密，恐怕这种情感会绊住子女未来的对外发展，让他们永远没法真正的离开。

现代社会的父亲有很多挑战，偏偏有关父职的研究都十分缺乏，恐怕不到母职研究的百分之一。母职被这些众多的研究说得太沉重，而父职却又因为讨论太少而越显得茫然。何况，从缺席到太亲密，父亲们面对的挑战，其实是十分严峻的。

与孩子一起做决定

叶廷是星期六临时加进来的个案，只能排在一大早。这样的情形不多，只是，叶廷的父亲是我医学院的好友，前两天电话里拜托的。

原来叶廷今年高三，刚刚才考完学测，正同时准备甄试和申请入学。严格说来，叶廷的学测分数并不理想，学校老师是鼓励他再拼一次指考（台湾地区高中每年7月举办的"指定科目考试"）的。可是叶廷觉得累了，要再冲刺两个月太辛苦，还是觉得学测就够了。

叶廷的父亲是一名医生，每次我路过拜访，他都只能趁看诊的间隙简单聊上两句。父亲自己虽然是医生，可是从来不要求孩子的成绩，只要求他们对自己的人生负责就好了。我常去他家，知道他们夫妻经常向孩子说的"治家名言"是："快乐"和"对自己负责"。

在电话里，这个开明的老友要我跟他儿子谈一谈。叶廷的爸爸说，他和儿子谈论未来的科系，总觉得儿子还是无法很自在地思考自己要什么。老友想起去年我送他的著作《拥抱青春期：青少年的 5 堂心理课》的"勇于梦想"的那个案例，心想，是不是自己给孩子太多无形的压力了？于是决定让叶廷来跟我谈谈。

到底要如何和孩子谈科系的选择呢？在学测成绩公布的此刻，这确实是个迫切的问题。

叶廷也好，其他的孩子也好，有一些原则还是相通的。同样地，过去的亲子关系紧张也好，舒缓也好，也是有一些共同原则的。

在成绩这方面，最常见的就是舍不得自己的优势了。虽然在台湾的升学制度里，尽量是要打破大学科系的排名，只是，在进行推甄或申请入学时，脑海中还是有学校或科系的排行顺序的。

如果有一科特别高分，譬如英语或数学，往往就忍不住将这一科分数乘三倍的科系优先考虑。或许总成绩相当优异时，学生自己也好，家长也好，总舍不得这样的分数才能进去的科系，譬如医学系。

只是，每年大学生因为兴趣不合而求助学辅中心或其他资源的，几乎超过一半都是因为这一点而觉得自己选错科系了。他们回想自己选择志愿时，只考虑到进得了大家心目中的好学校或好科系而让众人称羡，却忘了考虑自己是否适合这个科系。

如果选择志愿真的避不开这个因素，至少要想想：自己就算不是很喜欢，但至少是否可以不要在太勉强的情况下继续念这个别人心目中的好学校或好科系？

在孩子这一边，最常见的是他们不知自己要填哪个科系。对十八岁的孩子来说，要他们现在就决定关乎一辈子的事，确实是太困难了。

有些学生似乎十分坚定自己的选择，只是比起一生的选择，他们做决定的方式，对大人来说，似乎太简单了。譬如因为"哈日"或"哈韩"而决定要读日语系或韩语系。

对父母来说，这样的理由或许太不成熟了，喜欢某位明星只是一时的，但学习韩语却是一辈子的。然而，如果在孩子选这个科系的同时，父母可以告知学习语言的困难，包括一开始需要面对无限重复的无聊和持续四年而经常遇见瓶颈的挫折感。如果孩子还是坚持自己的选择，愿意承诺未来四年的投入，在大学将毕业时，自然就会有新的方向。

大学学习什么，对于人生而言其实没有决定性的作用；反而一个孩子在成为大人的这个阶段，愿意做出承诺，也愿意为这一决定持续努力四年，这样的态度才是对他的未来有真正决定性作用的。

自己想要很多而无法做决定的孩子，也是同样的原则。选择的过程也许有不同的考量，不同时间也会涌上不同的想法，也就不会有永远满意的选择。这样的孩子其实还在探索，他们需要对这个世界累积更多的理解。既然只能选一个校系，任何校系也就都一样。大学生涯选择的专业课程，让孩子有上述的态度，同样，大学生活也是他们需要去探索的世界。

至于不晓得自己要什么的孩子，又有不同的思考了。同样地，身为父母，关于志愿，也有很多的功课要做，但这也是很好的学习机会。

叶廷是清楚自己的兴趣的，他和我的谈话也自然就从志愿的选择谈到父母那里去了。托尔斯泰说："幸福的家庭是相似的，不幸的家庭各有各的不幸。"然而，和叶廷谈过后，我忽然有这样的想法：原来幸福的家庭也有各自不同的故事。

孩子的时间管理

陈先生专程向公司请假，来参加儿子的会谈。离上次见面已经有半年多，原本和他冲突不断的小豪，似乎也越来越听话，成绩也全都过关了。

小豪是高一将升高二的学生，当初父母会安排会谈，全然是因为高中刚入学时，第一学期的功课被耽误了几乎快一半了。成绩不好、激烈冲突和心情沮丧三者之间恶性循环，问题也就像滚雪球一般，迅速变严重，短短一学期整个情形就坏透了。

有了那一次经历，难怪爸爸如此着急，连工作都可以搁一边了。

放暑假以来，已经是第二个礼拜了。忽然不用去上课的小豪开始晚起，而且有一天比一天迟睡的倾向。上次我和小豪约了早上十点会谈，他却迟了半小时才到，原因就是起床太晚了。

向来行动力迅速的爸爸，立刻感受到问题的严重，也就快快来到这次会谈。

青少年的暑假，乍看是平静甚至是愉悦的，但其实不论是对父母还是对当事人，经常都颇具挑战性。

一个人学会管理自己漫长的假期，其实要经过许多年的尝试。身为父母的我们，如果定下心来回想自己当年是如何度过暑假的，自然会想起从中学到大学，除了少数人可能因为家境因素而不得不打工以外，其实也是自我管理不佳的。

我记得当年还是学生的自己，每次暑假来临，总有一堆阅读、创作和旅行的计划。可是在暑假将结束时，却总是后悔自己又浪费了两三个月的美好时光。直到大四升大五那一年，自己才做到计划的七八成，也就有了唯一一次的尚可的自我评价。只是，那已是最后一次暑假了。后来的暑假都是在医院见习和实习，顶多休息一两个礼拜而已。

市面上有许多谈时间管理技巧的书，但是，时间管理的需要如何产生和相关的能力如何培养的讨论却是少见的。

青少年是否有足够强烈的动机，想要好好利用这个难得的假期？如果有动机，那么他对社会认识的程度是否足够支撑他找到自己的梦想？这两个问题是父母希望青少年安排自己的暑假活动时应该考虑的。

有的青少年十分懒惰，自发性的动力相当低；有的则十分内向不安，他们的焦虑是如此强大而导致自己不敢有任何梦想。

面对懒惰的青少年，父母恐怕会主动提出一个暑假计划，让孩子去遵守。

因为缺乏自发性是长远的问题，不是三两下就可以改变，短短一个暑假也是不够的。面对有惰性的孩子，父母应该放慢自己多让孩子自己来。暑假虽长，可是还不足以培养孩子的自发性。孩子的自发性的培养需要好几年的时间，其间父母要约束自己的急性子，提醒自己要不断正向反馈。

如果是内向、害羞、社交能力不足的青少年，父母的挑战会很大。他们可能说"无所谓""无聊"这类的话，也可能急着想要参加很多活动，让父母招架不住。

这时，父母要慢慢引导他们说出自己的想法：想学乐器、想跳舞、想要一大堆的礼物……他们也许讲很少，也许讲很多，但都能反映出其社会常识不足，所以父母要适当地提供一些建议。因此，父母可以和他们将这些愿望列出来，再加上一些他们不知道或没想到的活动慢慢引导。再下一次，才是将这些活动组合起来。

至于那些计划很多，只是执行力不佳、时间管理有问题、至少还是会去参加一些同伴活动的青少年，要不要跟他们讨论他们的想法，也就不是那么绝对了。毕竟，今年贡寮国际海洋音乐节里，挤成一堆的五十五万人，也许他就在其中了。

第五课

感受，孩子世界的温度

自己是什么，还没有找到……

　　瑞玉走进来时，那一身打扮，任何人都会印象深刻。她穿着黑色贴身的皮衣皮裤、高筒皮靴，再加上一头抹向后的短发，整个人像个帅小伙。因为这身打扮，在会谈过程中，我自然会引导到她的性别取向，她也直爽地回答："也不一定，男的女的都可以。"

　　那一年她才读研究生一年级，在一流的学府。

　　瑞玉来做心理治疗是学校辅导中心建议的，而更早以前，去辅导中心则是因为家长求助。

　　在家里，她对父母的态度始终是一股不可思议的冷淡，甚至可以说是冷酷。当父母忍不住要训她而摆出权威之际，她是绝不会动手的，但就是让人恐惧，连父母都承认的恐惧。甚至在学校也是如此，她像一匹孤独的狼走在校园里。

　　瑞玉的学习成绩一直都不错，还凭自己的能力考上这所大家挤破头都想进来的研究所，而不需有任何朋友帮忙来分享笔记、考古题或读书会之类的。她大学四年也是这般度过的，甚至高中三年，没有同学做朋友，依旧不影响她课业上的杰出表现。

我对瑞玉的治疗，是许多年以前的事了。态度上的坦然和真诚，包括我对她同样的莫名恐惧也坦然讨论，使得我比预期的还快速地和瑞玉建立起足够的信任关系。只是，我的风格太理性了，瑞玉的心理世界还需要以更感性的风格去体验、去探索。因此，也就在四个月之后，征求她的同意，将她的个案转给 L，一位资深的女性咨询心理师。

危险的丛林，需要永远小心翼翼

想起瑞玉，是前些日子看瑞典版《直捣蜂窝的女孩》电影试映，主角莎兰德被整个国家体制孤立起来。在几乎没人信任她的清白之际，她一个人必须出庭，甚至必须用自己的伤口去为自己辩护。当电影的镜头落在开庭的法院时，莎兰德的打扮又回到《龙文身的女孩》一开始时的那种朋克装扮：烟熏浓妆、鸡冠头发、全身皮衣，衣服上满是金属钉状物，身上也是耳环鼻环的。

瑞典小说家兼记者斯蒂格·拉森所写的"千禧年三部曲"，也就是《龙文身的女孩》《玩火的女孩》《直捣蜂窝的女孩》，是少见的当代巨作。瑞典已经拍成电影版上映过了，美国跟随开拍的好莱坞电影也在两年后公演。我看的电影是瑞典版的，完全舍弃范耶尔家族的故事，只留下与莎兰德身世有关系的部分。

在瑞典版的影像里，莎兰德的打扮（包括表情）是随着她的处境而不同的。她的神采和打扮越轻松，也意味着她和外在世界的关系越轻松。只是，一旦这世界对她又充满敌意，或者她对这世界十分防卫时，重量级的朋克装就可能上身。

莎兰德也好，当年的瑞玉也好，那一身黑色皮衣对她们而言，就好像盔甲一样，是身上可以穿的最结实的保护盾。相对地，对她们来说，这个社会就像危险的丛林，是需要永远都小心翼翼的。

当年在进行瑞玉这个个案时，对我自己而言是以前没有过的经验。治疗时虽然似乎平稳，内心其实是忐忑不安的。我在同侪团体里提出分享，一位专精自体心理学的友人就提到海因茨·科胡特曾经治疗的一位来访者，从一开始的穿着就给人不搭的感觉，随着治疗后的状况改善，而渐渐有一致感。

一个人的外表其实是可以看出他的自我发展程度的，特别是从青少年到成人的阶段。当然，稳重的成人，其实也是可以从他的穿着看出他的自我的。只是，成人一整身深色西装和固定笑容所组合成的，是另一种盔甲，除非有敏感的观察力，只有表相的观察而没有语言，是不容易穿透其中的。

皮肤自我，与外在世界沟通的最初痕迹

法国精神分析学家迪迪埃·安齐厄提出"皮肤自我"的观念，视之为我们感觉安好的基础所在，也是我们最初的自恋。皮肤自我让我们可以持续思考，可以容纳自己的情绪和想法，可以提供保护盔甲，可以留下与外在世界沟通的最初痕迹，可以处理不同感知之间的一致性，可以促成自性化，可以支持性兴奋，可以恢

复力比多，等等。总之，皮肤自我是内在和外在的中介，是容器和被容物两者关系的基础。

皮肤自我来自婴儿原始自恋期感觉运动系统的多重包裹增长而形成。对自恋人格来说，他的皮肤自我是不寻常的厚重；对被虐或边缘人格来说，则是薄到不寻常。

然而青少年呢？安齐厄似乎没有讨论，科胡特也谈得不多。从临床经验来说，青少年的这个阶段是从婴儿以来的累积，是开始从家庭转向社会，也是埃里克森所说的自我认同重新形成。这三个面向在青少年阶段开始启动，而且相互影响，需要许多年才逐渐成形。

于是，青少年的打扮或外表给人的感觉，可能源自从小成长的累积，可能是突然被迫面对社会的不安，也可能是旧知瓦解而新的自我认同还没形成的阶段。

准确地接住真实的自我

卡尔是二十七岁的青年了，可是一身的穿着就像刚刚不必穿制服的大一新生，而且是邋遢无所谓的那种。他初三就到美国读书，家人也好，朋友也好，都习惯称呼他卡尔。

在几次会谈以后，我问起他的穿着。他先说了一堆嬉皮精神的大道理，不过我知道这是他用理智化来做自我的防卫机制。我慢慢再从他的真实感觉切入，他才说自己其实在必要时是会适当打扮的。只是，不管穿怎样风格的装饰，他自己照着镜子，总觉得那身影就不是自己。"我真的不知道自己是什么模样。"他最后是这么说的。

我再进一步问："那如果是光着身子，从镜子里看到自己，又是怎样呢？"他想了想，腼腆地笑说自己可能不会摆什么姿态的。而且，整个身体对自己而言是更陌生了。

像卡尔这样的个案其实很多，只不过是他二十七岁了，表达能力较强，也就叙述得更精准。

很多青少年或青年，其实是有一种常态的完美执着，想要准确地接住真实的自我。偏偏这是如此困难的一项任务，最后就索性放弃了，干脆邋邋遢遢的，穿什么也无所谓。最好是隐身衣，让别人都看不见自己；没有隐身衣，就穿成完全不惹人注意的模样。

这样的完美执着，其实也可以从他们的房间是否整齐看出来。

许多父母抱怨孩子的房间乱到极点，认定他们就是不知道让自己的房间整洁漂亮。其实大部分的青少年都想整洁，甚至是很有自己个性的整洁。只是去准确抓住自己的个性，还要下足功夫做到完美的整洁，都太难了。于是，整个儿都放弃不管了。

他们的穿着是要好看，有自己的味道；他们的房间其实是想要百分之百整洁又有型。只是，自己是什么，他们还没找到。

以前埃里克森提出自我认同形成，是指青少年期。可是后来他的弟子詹姆斯·玛西亚以当时男性为主的美国大学生为对象，进行实证调查，发觉自我认同其实是二十三岁左右才完成，而不是埃里克森以为的青少年阶段。何况，那是二十世纪七十年代的研究，在平均成熟速度都普遍变慢的现在，恐怕更要晚个三五年。

要他们找到自己，穿出真实自我的模样，原本就是一条漫漫长路。更何况，大人们在这薄薄的一层外在，投入太多的在乎了。这些沉重的力量，从过去的制服到现在在乎别人的看法而加诸的干预，其实已经扭曲了。

至于那些内心世界也受大人世界伤害的孩子，恐怕就不是这么简单就能见到他们的真实自我了。那是要穿过阴森丛林，融化铜墙铁壁一般的硬实冰层才可能有一点机会。

失去童年的女孩

　　倩文是每个人看到第一眼就会印象深刻的女孩，她天生就属于影视圈，高挑的身材、纤细的骨架、九头身的比例、大眼和巴掌脸。然而，更重要的是，她有着不寻常的自信。她清楚地安排自己的人生，她投入工作而有计划地理财，即使媒体三不五时有一些绯闻，大多也是公司的炒作。

　　这样一位外在条件完美而内在又成熟的年轻女子，她的人生几乎是完美的，让人无法想象任何可能的困扰。正因如此，在诊疗室里，关于她莫名的忧郁，我花了好些时间才慢慢理出结构来。

　　她向来是不相信爱情的。从小，大她没多少岁的妈妈仿若她的姐妹一样，两人经常聊到半夜，相互倾诉心事。妈妈和她一样漂亮，年轻时就早早地结婚了，自然而然地，总不经意后悔没趁刚毕业那些年多体会生活。

　　父母的婚姻在外人的眼里，其实是幸福的。妈妈虽然遗憾早婚，却从不埋怨婚姻。倩文的身旁也不乏追求者，大学时代也曾经因为跟男友分手而大哭一场。可是，她说："那只是两人都不成熟，主见都很强，所以才分手。当时失恋虽然痛苦，可是也没痛到不再想谈恋爱。"

不想谈恋爱，或者不相信爱情，其实是在那一场恋爱之前就有的信念。

这几个月，倩文认识了一位男性，十分独立成熟，十分信任倩文，这位事业型男性是朋友介绍认识的。这是朋友介绍的第N个朋友，她一开始也不介意。

他们就这样理性地交往。

男孩懂得玩耍和享受人生，也谈过几次恋爱，都是嫌女生太黏人而找理由分手的。而倩文是那种不黏人，一个人也可以过得很好的女孩。

这样的交往也不算冷淡，甚至在一起时两人都懂得应时时追求浪漫的生活。总之，他们都觉得这一次会结婚，而朋友们也羡慕他们的幸福。

抑郁的来袭是不久前的事。倩文早上醒过来，例行地看看手机，竟然没有短信。她立即打电话给在新竹工作的男友。男友虽然是高阶主管，终究还是朝九晚五的上班族。电话那一头正在忙碌的男友的口气像是陌生人，仿佛她打了一个莫名其妙的电话。

她一开始是愤怒，没多久却抑郁了。

从来没人看过她如此抑郁。她的家人慌了，男友也慌了，连周边的朋友也都担心起来。而她自己，掉在抑郁泥沼里不能自拔。她自己也对自己如此表现而慌张极了。

跳级略过的青春期

倩文从小就很有主见，也很能够照顾自己，甚至连弟弟和表弟，也几乎是从小跟在她屁股后面长大的。她是如此成熟，以至于到美国当小留学生时，不只妈妈将弟弟交给她，连阿姨也将表弟托付给她。

至于不谈恋爱这件事，她特别声明说，她可是要结婚的，只是不觉得需要恋爱才结婚。她说，从小听妈妈或阿姨的恋爱故事，虽然不可否认有几分憧憬，但其实更觉得无聊，甚至有些愚蠢。她总觉得一个人就可以将自己照顾得很好了，两个人反而麻烦。

她的青少年时光是带着弟弟和表弟，在美国东部的一个乡下小城度过的。当初安排在那里是妈妈担心弟弟学坏，特别挑了一个不太喧嚣的城镇，只是转机不方便，加上她照顾得挺好的，也就越来越少来探望了。总之，在妈妈的感觉里，倩文好像没几年就成熟长大了，连青春期都跳级略过了。

申请大学时，一位好朋友想学医，而倩文自己没什么目标，也就跟着申请医学预科类的大学科系。她的好友没申请到，倒是她申请到了南卡有点安静的杜克大学。至于没小她几岁的弟弟和表弟，都迫不及待地跑到他们想要去的学校：一个去了纽约苏荷区的帕森斯艺术设计学院，一个则去了波士顿的麻省理工学院。

大学毕业后，她也觉得累了，父母也心疼她从中学到大学的一路努力却从不叫苦，要她休息一年再考虑申请医学院。甚至问她，真的非要读医学院不可？还是这样就够了？她想想也对，似乎也不是特别想读医，不是非当医生不可。原本想回台湾休息一下的，后来就留下来了。她去爸爸的公司做事，去应聘一些跨国公司的工作，都很顺利。甚至跟朋友去夜店玩玩，认识一些影视界的人，也开始半玩票地演戏或当模特。后来有经纪公司来签约，也成了所谓的艺人了。

她身边许多追求的男孩，有的是爱玩的，也不乏诚恳可靠的，她也浅浅地谈过几次恋爱。慢慢地，朋友圈都知道，她是那种十分有女人味却又不需要恋爱的女人。

成为父母的父母

她回忆起自己的童年，那时父母是被人夸为金童玉女的一对。在那个还没有未成年人法的时代，父母不需要考虑将未成年孩子单独留在家里是否违法，童年的她经常一个人待在台北高楼的公寓里，负责哄哭闹的弟弟上床。半夜醒来，听见晚归的父母在客厅吵架，她躺在床上，有点担心又不能做什么，只是看着旁边的弟弟睡得沉，翻个身又睡着了。

在治疗室里，她说，其实父母当时还年轻，人生正好玩的时候，当然是没空照顾两个孩子的。何况，两个年轻而有个性的人，要在一起，本来就还有很多要学习的东西，吵吵闹闹也就免不了。

会谈许久以来，都只是不断问问题的我，忍不住说："怎么听起来，你好像是你父母的父母，不是他们的孩子？"

她抬起头来，用比平常显得更大的眸子看着我，原本平静的眼神，忽然就开始掉下泪水了。她努力要噙住泪珠，眼泪反而更快速地涌出。

我知道自己这时再追问任何问题都很残忍，但是，有时心理治疗就是不得不这样。我看着悲伤的她，缓缓开口："倩文，你要不要再想想看，你这辈子活这么久了，什么是你真正想要的？"

一辈子都在为别人活的这种现象，到了今天，还是经常可以看到的。只是它换了一个面貌，跟八点档的连续剧完全不一样，也就不好辨识出来了。

不知不觉开始信赖起男友每天发来的短信带来的安全感，开始她人生第一次感情上的依赖（而这是父母也没给她的），当失控地质问今天怎么没短信时，才清楚地发觉自己掉入了自己向来不熟悉而潜意识里也十分害怕的依赖里。她痛恨自己的这种"软弱"，痛恨自己的这种害怕，所有的忧郁情绪就涌上来了。

一个没有青少年阶段的成长经历，没有任何让父母着急的讯号，也没有因顶撞让父母生气的人，有时，反而是最让人不舍的人。

放弃人生的选择权

怎么会有这么安静而成熟的成长呢？

埃里克森在讨论自我认同的形塑时，他特别用一个法律名词"放弃赎回权"来形容这群从小就清楚自己人生目标的小大人。他们放弃了什么赎回权？他们放弃了可以一再探索、尝试、再修正的人生赎回权。这原本是青少年到青年这一阶段的特权。他们可以转系、转组，甚至大学毕业了去从事与科系完全不同的工作。

在我们的文化里，经常可以看到像倩文小时候这样的成熟的孩子，也就是所谓的小大人。他们其实就是埃里克森所说的，在父母功能不足的情况下，不知不觉地认为应该为家里帮一份忙，早早就选定自己人生该扮演的角色，而放弃了自己选择的赎回权。

只是倩文这次陷入如此不安的忧郁，需要再加上依恋理论一起思考。

约翰·鲍尔比从动物行为观察里，发展出依恋理论。在人的发展过程中，每个婴儿都是依附着母亲或母职替代者而成长的。随着安全的依附的足够程度，孩子独立而分离的能力也随之发展出来。相反地，如果在成长中，还没有拥有足够的依附就被剥夺了母亲，这股被迫压抑的渴求，可能在人生的不同阶段以不同的方式呈现出来。

小大人这一观念原本来自美国戒酒匿名会。酗酒者在发展他们的自助治疗时，发现父母酗酒而长大的子女，他们在人际关系中倾向于牺牲等。后来发现这现象并非局限于酗酒家庭，而是各种原因所造成的家庭功能不足，都可能会造成子女成为小大人。

从依恋理论来说，小大人是没有足够的依附就被迫独立，因此内心深处渴望依附却又害怕依附必然带来的依赖。因为依赖意味着将自己交出去，是随时可能被忽略甚至抛弃的。而这痛楚太强烈了，深深埋在每一个小大人的潜意识中，因为当年独立的"被迫"过程太不堪回首，以至于不容易留下任何记忆。

退行成为小孩的姐姐

我告诉倩文，我在花莲曾经协助过一对姐弟，他们的父母经年在都市里做板模工，是那种总是住在工地的流浪工人，只好将孩子托付给故乡的父母。可是贫穷总是残酷的，它不只是经济上的匮乏，也让人特别容易生病和衰老。这时姐弟的祖父母常年卧病在床，连三餐都是村里的邻居叫姐姐带些多余的饭菜回去凑合的。因此这对姐弟后来就经由村主任登录上报，并被强制安置了。

寄养家庭原本十分犹豫，因为一下子要多两个孩子，可是听到才读小学五年级的姐姐是如此懂事，祖父母和自己的弟弟都是她照顾的，才放心接受。可是，住进来几个月后，一切却与预期的全然不同。

黏人的弟弟适应得还不错，倒是懂事的姐姐开始出状况。

她半夜醒来会跑去寄养父母的床上，临睡着时便赖着不走。甚至每天黏着寄养妈妈，寸步不离。终于，寄养父母在吃喜酒的那一晚感到无法再忍受了。

寄养父母原本就有两个儿子，年纪与这两姐弟差不多。那一晚寄养父母要去参加喜宴，姐姐抓着寄养父母坚持也要跟着去。他们想，只有一个红包，总不能把四个孩子都带去而占掉半桌，索性就都不带了。没想到吃完喜酒，开车回家的半路，看见对面小坡的家门灯火大亮，简直吓坏了。待车到门口，才看见自家大门洞开，而姐姐坐在门槛上。

寄养父母想，是不是自己的带法有问题，才让孩子的状况越来越糟？于是通过负责安置的家扶中心，安排了一次个案讨论会。这也是我能遇到这对姐弟的缘故。

我告诉寄养父母，不是带法有问题，而是他们被带得好极了。姐姐是典型的小大人，还没拥有足够的依赖就被迫要成熟了。然而，来到这个家，因为寄养父母创造了一个让她可以完全放心的环境，她潜抑的依赖需要被释放出来，举止才会开始变得十分小孩子，也就是所谓的退行。

崩溃的必要

英国儿童心理大师温尼科特就曾提出"有益的退行"这一观念，认为"欲求（精神分析式的）治疗有效，必须让退行发生以寻求真我"。这对寄养父母虽然没任何专业性可言，但他们单纯的真诚和韧性，对这个姐姐产生了治疗性的改变。

在讨论会里，我告诉这对父母，再给姐姐几个月吧。这么大了，都一米五高了，像娃娃一样缠着人，也许不会可爱，甚至有时都要让人窒息了。但再过几个月，姐姐依赖的需求有一定的满足了，她原本成熟的那一部分就会回来的。

我告诉倩文这对姐弟的故事，然后说，关于倩文的不安和忧郁其实是一件好事。

我说，我不知道是男朋友的什么特质起了作用还是倩文自己内在的自我探索越来越成熟了，总之，从小是小大人而害怕依赖的倩文，在不知不觉的情况下，愿意将自己假我的盔甲卸下，愿意将自己交给别人而不再靠自我掌控，是一种将自己放在崩溃边缘的冒险，自然有一定的不安和忧郁。

温尼科特也曾说过："要崩溃需要极大的勇气。"他说很多人害怕，因此选择"另一条路是遁入正常"。

而倩文是勇敢的，不只是敢去面对自己真实的需要，更是她这样总是理性掌握一切的人，竟然愿意纵身投入不确定的海洋。

只是，不晓得是因为爱情才让人奋不顾身地去信任，还是因为信任才让人敢如此去爱，这一点恐怕永远不得而知。毕竟我们对爱情的了解，实在是太有限了。

关于这一点，我并没告诉倩文。我只是告诉倩文，你可以像以前一样，很理智地因为不要任何不安而放弃这次爱情，你也可以在未来找到一个很好的人拥有很好的婚姻。只是，你会很清楚自己没有真正恋爱过，除非经历同样的濒临崩溃的不安。我不晓得倩文是否会告诉她父母这一切。当年他们的放心，对小小年纪的倩文就委以重任，其实几乎是毁掉了倩文建立亲密关系的能力。

永远失落的爱情

"生命中总是有连舒伯特都无言以对的时候。"

这是一句被引用太多，却总是能让人强烈感动的话。

很多关于命运的词句原本就十分泛滥，甚至连"命运"都是一个通俗到熟滥了的名词。只是，坐在诊疗室里，面对某些个案的某些片刻，很自然地就会浮现这些句子、这类字词。

1999 年初，我开始在某癌症中心看诊，成为院里唯一一位精神科医生。门诊刚刚开张，一开始个案不多，大多是各科医生转介的。

月妹，三十三岁女性，因为她的主治医生转介而来到精神科门诊。问她为什么转介，她说她也不知道。那怎么开始看诊的？她回答的同时，我也翻起病历。原来是约四年前发现乳房肿块，从媒体知道这家医院就来求诊。医生建议开刀并进行化疗，她没多想，就答应了。她说："医生真好，当时还劝要不要找另一家医院，问看看有没不同的意见呢。"

基本检查完毕的当周，她就开刀了。"毫不犹豫？"我开始有些观察，试探地问话。她回答："这种事还犹豫什么呢？"开完刀，接受完整检查，确定没有远端淋巴蔓延，化疗也就开始了。一切结束以后，规矩的门诊追踪就静静地遵守着。先是两个礼拜一次，然后一个月一次，三个月一次，半年一次。

半年前是第一次隔半年检查。一切都很好，没有任何癌细胞可能的踪影。然而，这一次检查月妹自己提早半个月来了，因为在腋下摸到硬块。她的医生安排了一系列的检查，发现不只是胸部淋巴有多处蔓延，肝部也有阴影，骨扫描也显示至少有四处阴影。后来我遇到这位妇产科医生，他说自己当时都愣住了，甚至还有一股说不出来的自责：原本状况这么好的一位病人，而且是这么合作、努力而安静的病人，忽然一下子就严重蔓延开来。

月妹没有太多犹豫就接受了进一步化疗的安排，即使医生说副作用严重，可能是数十倍超过前一次化疗。她答应得如此痛快，就像当年决定开刀的速度一样，反倒是主治医生暗自担心，也就建议她来精神科。她没多问一句话，十分驯服地自行去挂号，就走进来了。

原来她真的也不知道为什么要看精神科。不是崇拜或依赖她的妇产科医生，她只是对任何专业或任何有道理的事都安安静静地接受，然后执行。

月妹在台湾中部乡下的一个客家家庭出生，上面有两位哥哥，分别大她三岁和两岁。升初中那一年，妈妈得了癌症，没钱做进一步的治疗，便在家里休养。爸爸为了沉重的家计到北县的工地从事建筑零工，卧病在床的妈妈也就由他们兄妹三人一起照顾。后来两个哥哥陆续毕业，也到了台北工作。升初三那一年，爸爸在工地意外摔死，没半年妈妈也因病情加重离世。月妹孤零零地参加完毕业典礼，一个人就到台北开始在工厂工作。

在台北工作十分辛苦，但至少有两个哥哥一起住。特别是哥哥们决定自己创业承包一些项目，买了第一台机具开始在租来的房子里干活。哥哥们很拼，也能干，她这么说着。其实，她自己扮演的角色也很吃重，从劳动性的工作、轮班看机台这类的师傅级的工作，到会计财务等，都承担下来。兄妹三人最后在三重有了一个自己的工厂，而且越来越具规模。

日子过得很辛苦，却又过得很快。两个哥哥都是木讷寡言的，即便后来有了七八个工人加入，在家里或工厂（其实是楼上楼下），大部分的日子也是过得安安静静的。直到哥哥们决定去大陆创业。

两位哥哥问她要不要一起去创业。当时，大哥已经结婚（大嫂原本是工厂的会计，她手下的员工），她觉得他们不需要她的参与，何况自己也快三十岁了，创业原本就不是她的兴趣，也就表示要留在台湾。

快三十岁了，从初中毕业的十五六岁做到现在，攒的钱似乎也够一辈子花了。月妹说，连一场电影都没看过的她，当时只想好好休息，开始过大部分人过的日子。她在北投买下一层公寓，开始学插花和英文，还在参加其他的活动。然而这样的日子不到一年，就发现乳房有硬块了。

没有太多愤怒或沮丧，日子还是一样安安静静，只不过是例行的插花课变成到医院的固定报到。

顺着我在这过程中偶尔好奇地进一步询问，她陆续将自己的经历说出来。一切如此顺畅，虽然她也没急着讲，可是也没有任何一个话题是她特别敏感的，仿佛在讲一个遥远的故事。我忍不住问："你向来都是这样平静，即使是面对连我都觉得难以承受的悲伤时，也这样吗？"她才忽然看着我，眼眶有点湿，但是没有眼泪掉落。我进一步说："也许是这样的缘故，陈医生才要你来挂精神科吧。"她没有回答。

门诊个案虽不多，这次会谈也快一个小时了。我知道外面的个案已经有些不耐烦，决定结束这次会谈才说了这些话。适当的同理，让她稍稍感觉一下自己，也接受这样的会谈。因此，安排下一周门诊的早上八点半再谈一次，她也就同意了。

第二次的会谈我开始问起月妹的家庭，她心目中的父母：认命、内向、寡言，却十分关心孩子。她说，爸爸是凶一点，可是妈妈生病以后脾气变了不少。

我进一步问起她的成长和个性，在让我了解的同时，也让她自己了解：妈妈的个性和家里的经济环境，让她的个性原本就很沉静、认命；妈妈突然生病以后，再加上家里突然的混乱和经济的危机，更让她忽然变成熟，明显不再和以前的玩伴打成一片。太早的成长，太早就要负责一切，包括自己的情绪、照顾妈妈和家人，也就不再有太强烈的喜怒悲欢，俨然是大人的成熟模样。我也进一步问：所以她的主治医生担心的，太平静也太容易就接受不寻常的灾难，其实就是这样的个性？月妹当时幽幽一笑，回答说："是呀，大哥有一次在回大陆前，还说，永远不晓得我在想什么，只能希望我自己好好照顾自己。"

我也问起她对自己疾病的了解和看法。有些时候意识层面的过度乐观，其实是要掩饰内心的恐惧；过度的悲观又叫人太快放弃了。她的表情向来平平淡淡，我不能够确定是太悲观还是太乐观。

她说着目前的化疗，开始有明显的恶心等副作用，比上次化疗来得猛烈。主治医生陈医生告诉她，恐怕是末期了，药物只是姑且一试。"然而副作用如此强，你还是接受了？"她回答说："就交给老天爷吧。"

她所描述的病情的确就像陈医生告诉我的，十分不乐观。陈医生告诉我时，他的表情让我忽然闪过一个想法：也许一切的努力都源于陈医生的自责，虽然理性上知道临床上永远有这种不可预期的突然猛烈复发的患者。

如果她已经意识到死亡是不可避免的结局，就像过去对癌症末期患者的辅导一样，我也要她回去以后做一个功课：好好想一想，如果真的走了，还有什么不甘心的?

再下一周的早晨，又在门诊见面。她一开口就说她下周不想再谈了。

我们并不是正式的心理治疗，只是日常咨询变成固定的门诊会谈，也就从没做任何约定，要求遵守如何结束的规定。通常，月妹会察觉时间差不多了，主动要求结束。这样的体贴其实也是她向来的个性。

我将这想法告诉她了。她只是无奈地笑笑，说自己从没想过这么多。她继续说，这个礼拜想的比过去所有时候还要多。

她不想再来，一方面是化疗副作用让她不堪忍受，另一方面就是这样不断地想已经严重影响到她的生活。上次会谈回去以后，她所有的思绪涌上来，甚至晚上都严重失眠了。面对太多的情绪，她要十分努力才能保持平静。她说，甚至整晚都噩梦不断。她记不得了，只知道梦里充满不愉快的恐惧，永远被追跑或是在躲藏。

当时，我有一点慌乱了，没想到她的梦，也没想到太多这样狂奔而出的情绪，只是不断地再三保证说这一切都是正常的过程，甚至问她更详细的症状，开始建议服药。

我忙着跟她解释药的作用，抗焦虑及安眠的，时间也就很快过去。我要求她考虑看看，如果愿意，随时恢复会谈。她还是拒绝了。

我想起上次结束会谈时要她做的功课，放慢自己的节奏，轻轻地问：还有什么可能造成遗憾而可以赶快去做的？

月妹忽然停顿下来，至少有半分钟。但那三十秒，感觉是相当漫长的犹豫。月妹终于开口，微微地说："好想谈一场恋爱。"

我也愣住了，真的是"无言以对"的感觉。我不太记得整个过程是怎么结束的，只知道她还是说下周就先暂缓。

半年后，我在医院的早晨个案讨论会上遇到陈医生，他告诉我月妹前一阵子已经去世了。

"生命中总是有连舒伯特都无言以对的时候。"美国小说家亨利·詹姆斯在他的代表作品《一位女士的画像》里，写下这句脍炙人口的句子。那是女主角伊莎贝尔·阿切尔在叔叔家初遇梅尔夫人时，听到的第一句话。

在那一次偶然的见面里，伊莎贝尔先听到优美的钢琴声回响在空荡荡的屋里，渐渐辨识出那音乐是舒伯特的作品，心中正揣测着究竟是谁在弹奏。待见到梅尔夫人本人时，伊莎贝尔立即为她的法国式风格而倾倒，从此走向"无言以对"的命运，一场永远叫她无法回到昔日爱情的命运。

而有些女子，像月妹这样，却是连回头寻找爱情的机会都没有。

拒绝上学的少年

　　脸书受欢迎的程度，远远超过我的想象。当初只是觉得好玩注册了账号，没想到不只是初中、高中和大学时期的朋友都联络上，连失联多年的个案也都出现了。

　　星恩出现在脸书时，如果不是他特殊的姓，加上他主动留言说是八年前的个案，我简直很难将现在照片中瘦了一整圈的帅哥，跟当年那个小胖子联想在一起。

　　第一次见到星恩时，他才上初中二年级，身材却像日本相扑。父母说他原来还没这么胖，是上了初中以后才发胖的。

　　一位青少年工作者如果有基本的敏感度，对于忽然增加或减轻的体重变化，都会想进一步去了解。一来，是了解他的体重改变是如何办到的，特别是那些忽然变瘦的人，是否有过度运动、严格禁食或习惯性催吐的行为。二来，是我认为更重要的，改变一定有心理原因，也许在个案的意识内很清楚，他只是压抑着不说而已；也许是某一些禁忌，存在于个案自己也没察觉的潜意识里，他说不出来，只能通过旁敲侧击，慢慢去理出思路。

上学，变得越来越痛苦

当年，父母带星恩来看诊，不是因为体重，而是因为他拒绝上学。体重是一天一天逐渐增加的，而父母只是唠叨，没有太在意。只是不去上学就像炸弹一样，每天早上都要激烈爆发一次，父母不得不跟着团团转。

我刚好在十年前就与某文教基金会合作，有机会处理这个当时在日本已经热烈讨论的问题——拒学行为。

如果要我列出从事心理治疗以来印象最深的十名个案，星恩必然是其中之一。当年登门求助的拒学个案越来越多，而我正面临接触越多却越困惑的阶段，星恩的父母带他到来，无疑解决了我当时的许多困惑。在我接触的拒学青少年中，星恩最能清楚地表达自己的种种心情，包括如何因为学校求学过程的一步一步挫折，而逐渐走上拒学的选择。

星恩从小和祖父母住在桃园老家。有记忆以来，他经常在周末时，一个人坐车去台北与父母会合。因为父母事业颇有成就，也因此被工作占据了不少时间。他们担心没空陪他，才有这样的安排。

读初一那一年，父母考虑到未来的升学，加上他小学成绩不错，决定将他转到台北大安区家附近的明星学校就读。严格说来，这是他户籍所在的学区，现在才算正式回归。

星恩很清楚地说起入学以后的许多变化，包括同学们和他玩的游戏不同、话题也不同，甚至自己说话的腔调也被同学当作开玩笑的题材。

星恩虽然内向，但是喜欢交朋友。过去在桃园时，因为成绩优异，身边自然就会出现一群朋友。可是到了台北这个明星学校，星恩的成绩就落到中上了。这时，身边就没有自然出现的朋友了。

他想交朋友，但不知如何主动找朋友，因为过去都是朋友找他。于是，他开始讨好朋友，甚至同学对他过分开玩笑或占便宜的行为，他都隐忍了。如同学叫他去小卖部跑腿却不给钱，都变成理所当然的事。他的零用钱几乎都用在替同学垫这些赖皮账上，越来越不够用。

于是上学变成越来越痛苦的事。

偏偏大人一方面坚持让他上学，一方面又责备他乱花零用钱，他简直快被逼疯了。他的脑海里开始有了自己的人生观点，也经常沉浸在幻想的国度里。立下的志愿也好，幻想的主题也好，都有一些他没察觉的共同主题，譬如，立志做一个没人可以逼他的人，立志去做一个不必依靠别人的人，甚至是四处拯救别人的英雄。

霸凌伤害

在那个时代，不仅没有拒学的讨论，更没有霸凌的讨论，父母只是着急得想让孩子上学，根本不可能想到星恩所面临的霸凌会带来多大的压力，而且日复一日，永无止息。

两年的被霸凌使得星恩变了一个人：不仅是用吃来应付压力而变得更胖，也不仅是拒绝上学；他从一个想法天真、单纯的孩子，变成不相信这个世界的人了。

对星恩的辅导是漫长的，像永无止境的陪伴，有时我都困惑方向正确与否。慢慢地，他开始走出家门，开始相信网络上的朋友，参加聚会。后来才有学语言，然后到国外念书的美好突破。

在脸书遇到星恩没多久，他很高兴地说，暑假回家要来找我谈谈。

暑假后第一次见面，他说有些基本科目学得有点吃力。我很自动地说："那好啊！刚好可以趁暑假拼一拼。"星恩立刻稍稍拉下脸说："王医生，你忘了吗？我最讨厌人家逼我。越要叫我读，我就越不读。"

没想到这么多年过去了，星恩还是坚持当年霸凌受创后而发展出来的想法。

我立刻说："是啊！我真的忘了！这么多年了，如果你觉得有什么不对的，一定要提醒我。"

大人原本不见得什么事都懂，敢对孩子承认自己不懂的大人，才是更成熟的人。

想想看，计算机出状况时，不管软件或硬件，你找谁帮忙？当然是家里那位逐渐长大的孩子了。父母也好，师长也好，永远要记得：这是一个崭新的世界，每一分钟都有上千的新事物和新信息冒出来。大人不见得比孩子懂得多，而且，不仅是计算机网路或高科技产品而已。

孩子比我们懂得更多，甚至开始教我们，已经是从今往后的常态了。

同一个世界，万花筒般真实

第一次见到小瑜时，我还真的吓了一跳。看诊那么久了，各种惊心动魄的事情都遇过，几乎没什么可奇怪的了。但是，这一次还是有点出乎意料的感觉。

经常，对新开案的个案总会先问一些基本资料。这些信息虽然十分简单，已经足够在脑海里产生初步的勾勒，知道自己待会儿遇到的人大概是怎样的内在个性或外在形象。至于会有所谓的吓一跳，是因为真正见面的那一刻，看到的远不是自己所想象的那样。

基本资料显示，小瑜是一位大学一年级重新复学的新生，过去因为社交焦虑太严重而宅在家里两三年，过着整天打游戏的日子。像这样的一个女孩，在你的想象里会是怎样呢？

小瑜出现在我的诊室，我立刻明白刚才候诊区为何微微的一阵骚动声了。怎么说呢？如果用时下的流行名词来形容她，就是"童颜巨乳"，极其暴露的低胸上衣和超短迷你裙。然而，再加上那一脸浓妆，我立刻想起了"槟榔西施"这个名词。

她坐下来，拉一拉裙子，开始回答我的问题时，这些不寻常外表的影响就不见了。小瑜提出的问题果真是一位有社交焦虑症的年轻人的问题：别人的眼光、别人为什么不找她讲话、她不晓得如何回应别人的问话、一紧张起来脸红得大家都知道了……

我在会谈的最后，慢慢问起她的穿着，才理解小瑜从来没意识到自己的穿着有何特殊之处。原来从因极其焦虑而不敢出门，通过网络游戏，她第一次跨出门见一群从没见过的熟悉的朋友。慢慢地，她更敢出门，但还是相当有限。这几年她去的少数社交场合里，包括网络游戏的网聚或角色扮演游戏聚会，许多女孩子也是这样穿着的。更重要的是，原来网络游戏里的女性角色，春丽（网络游戏中的角色）也好，其他女性角色也好，都是这一种穿着。

这时，我才恍然大悟。原来，对小瑜而言，网络世界是她唯一的社交世界，是社会规范的来源，也是她认识社会真实的唯一渠道。

网络世界，革命性的改变

究竟什么才是真实呢？

所谓的真实，过去以为是放诸四海皆准的，但后来人类学者就提出来，应该是由自己所处的社会文化所决定的。对意大利导演费里尼这样的艺术家而言，梦比现实还真实；对台湾的布农人（台湾原住民的一个族群）老人来说，梦就是比现实更要重视的人生，因此前一晚梦见的一切都是早上醒来以后要继续遵循和执行的。但对我们一般人来说，梦就是梦，现实就是现实。民族文化的不同，对真实的看法也不同。

二十世纪六十年代以后，开始有"代沟"一词。上一代和下一代在认知方面有足以造成冲突的差异。这是由于社会的变迁，在同一空间里成长的两个年龄层，在他们各自的成长经验中，所经历的社会文化有极大的不同。然而，现在的社会变化是"十倍速的时代"，代和代之间的鸿沟也将是十倍速的拉大。

网络世界是人类必然会进入的世界，是一种革命性的改变。在我的想象里，这改变的巨大，恐怕就只有印刷术发明足堪比拟。在印刷术发明之际，人们根本无法想象在未来的几百年将带来怎样的革命性改变。同样地，现在的网络世界也好，信息时代也好，再聪明的人，包括史蒂夫·乔布斯，也无法事先想象出所有可能随之而来的改变。

"漫画式"的世界，青少年看到的真实世界

2010年10月，台湾公共电视频道播出自制的迷你青春偶像剧《死神少女》，虽然只有极为低调的宣传，却在青少年观众群里创下超高的收视率。许多年轻观众在留言中表示这部剧"真正在讨论青少年问题"，是"现在青少年社会中，种种不可告人的问题，表现在荧幕上"，"这种反映社会的剧不古板，觉得是新体验"。

在《死神少女》的讨论里，导演周美玲所率领的团队毫不讳言这部偶像剧是1994年两个女学生自杀所带来的思考。因此，他们都是以青少年的视角来思考，而不再替青少年决定什么才是"适合"的话题。

然而，对我而言，除了讨论话题的敏感度外，更重要的是叙述的方法。这一题材十分写实的迷你剧集，叙述的方式却是十分漫画式的。对于在漫画、网络游戏和《暮光之城》的阅读听闻中长大的青少年，原本就是用这种方式在看他们所迈入的社会。也许，对他们来说，"漫画式"的世界，才是他们看到的真实世界。

什么才是真实呢？这实在是值得思考的问题。

回到小瑜的情形吧。她不仅是受到网络世界的影响，她是整个人生活在网络世界很多年。当我问起她踏入新校园，看到的同学是什么样子时，她可以清楚地指出大家的穿着跟她是不同的。如果再进一步厘清，就会发现：她虽然看到大家的穿着跟她不同，但她以为本来每个人就都不同。换句话说，来到这个新的世界，在没人提醒也还没累积太多经验时，她只意识到自己和别人的不同，却没法发现别人和别人的相同；或者说，她没办法看到其他同学的穿着所显示的共同标准或社会规范。她知道自己是不同的，却不知道这穿着多少有些夸张。

下一次会谈，她的穿着开始改变了，但还是有点"春丽"。慢慢地，一次又一次，她穿得果真就像一位大学生了。

当然，每个人可以选择这种穿着，不用太在意别人的眼光。一个人只要高兴，选择穿什么是他的权利。如果小瑜了解自己的问题后还是选择原来的穿着，我也是可以接受的。

当然，小瑜的情形并不是这样。她的社交焦虑症状，其实就意味着她对别人看法的在乎，甚至是过度在乎。当她选择要回到大学生活，意味着她必须接受另一种事实。于是，在两种事实之间，她势必要有一段漫长的挣扎，包括一开始要兼顾两者的困难，放弃原来信念后带来的自卑和自我怀疑，以及重新摸索的过度认同。而这些过程，从她的外在穿着或言谈举止上，也可以清楚看到，是许多年以后才真正走完的。

在刚刚开始会谈时，我如果太受不了她的"槟榔西施"穿着（这是我当时脑海闪过的字眼，可见自己是多么无法接受她的穿着），恐怕下场是像大部分的父母一样，一直将焦点放在穿着上，而陷入永无止境的战争中。

对于青少年也好，对于下一代或下下代的人也好，我们可能经常遇到这样的问题：我们彼此虽处于同一个世界，但看到或感受到的事实是完全不同的。这种极其梦幻又写实的情境，其实就是我们现代人沟通上的实际情况，是十分不容易让人接受的。对于父母来说，他们与孩子不只是住在同一个世界，而且还处于同一空间，那挑战必然更大。

死神少女

对跟我们住在同一空间的孩子而言，从他们眼中所看到的，他们所处的真实世界究竟是怎样的呢？这个问题乍听上去也许有些突兀。对大人们来说，真实世界不就只有大家都看到的唯一的共同现象吗？如果我们要问"他们所处的"真实世界，不也就暗示有另一个真实世界，甚至是存在许多不同的世界吗？

的确，两者看到的世界是不同的。对许多孩子来说，甚至对少数大人来说，他们所处的世界跟一般（大人）的世界如此不同，以至于很难跟朋友或大人们解释。

我跟青少年的交谈过程，就是进入他们所处世界的过程。

我自己的工作室坐东朝西，有一扇可以远眺高处的落地窗。每天工作完毕，阳光也结束了一天的工作。有时，特别是台风或其他奇异的气象前夕，余晖气象万千。

有一位中学辍学的青少年，因为我和他的父母谈话而在一旁沉默许久之后，忽然指向窗外灿烂的云彩，看着妈妈说："你看，艾尔利克兄弟出现了。"可以想象，正急切地诉说种种困难的父母，忽然被这一句听不懂的话打断，简直要抓狂了。我刚好因为之前一位大学生个案的推荐而翻过他所指的那一本漫画，心想又要爆发一场父子战争了，便赶忙插嘴说："是呀，《钢之炼金术师》太厉害了。"

大人活在孩子的想象之外

动漫也好，网络游戏也好，这些奇幻故事在大人眼中也许只是虚构的故事，但在孩子们的眼中呢？身为大人的我们，譬如我自己，因为经常从事与青少年有关的工作，一路从《七龙珠》《乔乔的奇妙冒险》看到《钢之炼金术师》。小时候我家开着漫画店，我向来也就爱看漫画。看这些新潮的漫画，也许有一些理解，一些乐趣，但更主要是为了了解青少年的世界。然而，就算如此，我们大人还是活在这些想象之外。

我们大人是在这些想象之外的人，自然就很容易将这些想象排除在真实世界之外，尽量不去让其干扰自己的日常生活。然而，如果我们也和孩子们一样，是生活在想象之内的呢？或者，是生活在想象和真实之间，也就是在两者之间可以自由来去的世界呢？

从孩子在襁褓期，还只是牙牙学语的阶段，作为父母的我们，就急切地开始跟他们拿着绘本说故事。孩子慢慢长大，先是对图片的色彩、形象有兴趣，渐渐地对大人叙说的故事也可以在语言层面进行互动了。身为父母的我们，知道说故事的重点不在读文字，而在于这些图像或文字情节激发出来的孩子们的想象力。于是，虽然书上都清楚地介绍整个故事了，但我们还是会问孩子："怎么办怎么办？大野狼就快追上小红帽了！"也许孩子会说："小红帽飞起来了，她的帽子伸出大大的翅膀了。"身为父母的我们，知道孩子一旦进入故事情节，他们的想象力便开始启动了。就这样，就算是每天讲同一本绘本故事书，小孩子凭借着丰富的想象力（如果父母允许）还是会每天都改写出不同的故事来。

小时候，孩子们听我们讲故事（或用他们的想象力说故事给我们听）；长大以后，孩子们开始找到自己的故事来源，也许是漫画，也许是网络提供的其他素材。他们是在这些充满想象力的世界中长大的。

我们大人是为了了解他们而去看他们的世界，包括动漫等，这是一种在这些世界之外的观看之道；而他们是在这一切当中长大，是活在这些世界之内的。

到底哪一个世界更真实？理性的世界就比想象的世界真实吗？

也许许多大人会坚信理性或客观存在的世界才是真实的世界，但许多孩子并不如此认为，甚至有一些心理学家或哲学家也不同意这种看法。

我可以举出很多哲学家或心理学家，从叔本华、弗洛伊德、拉康到温尼科特，他们都会赞成：和我们的情感互动在一起的世界才是相对较真实的世界。

这些年来，皮克斯出品的动画片，逐渐取代过去称霸半个世纪的迪士尼动画。有许多评论者就指出，美国动画片从迪士尼时代到皮克斯时代最大的不同就是：迪士尼式的动画片，像《白雪公主》这类的，是在孩子触及不到的世界；皮克斯的动画片都是发生在孩子的生活世界中，也许是他们朝夕相处的玩具（譬如《玩具总动员3》，甚至连不再玩玩具的大学生也爱看），也许是平常的例行作息（譬如《怪兽电力公司》的故事发生在我们每天要上床阖眼入睡的经历中）。遥远的（也就是和现实不相干的）公主与王子固然浪漫而叫人憧憬，但发生在现实和想象之际的这些真实经历能够带动我们更多的情感。

学校生活，好似鬼片上演

回到我治疗室里那位看见艾尔利克兄弟的中学生吧，他是因拒学而被父母带来求医的。所谓的拒学行为是一个青少年问题的新现象，过去有所谓的逃学，是指逃学到外面更有趣的世界，也就是一般所讲的非行少年。拒学行为和逃学是不同的。有拒学行为的青少年虽然也常旷课或缺席学校活动，但大多数人只退缩在自己的家里、自己的房间。产生这种现象的原因需要慢慢解释，但其中主要的一点是：他们对外在世界，特别是学校，可能是感到焦虑和不安，甚至是恐惧的。

同样的外在世界，譬如学校，在我们大人的眼中不过是一座学校，里面有一群吵吵闹闹的学生，顶多再加上或许亲切或许严厉的师长。这是大人以为的真实世界。

然而，对孩子们而言呢，这座学校（或这个世界）的真实存在又是怎样的呢？特别是对那些不得不拒学的孩子？

在诊室，当这些充满恐惧的青少年慢慢相信眼前这位大人治疗师了解他所处的世界后，他们才敢放心地描述他真实感受的那一所学校。曾经，一位刚考上大安高工的少年就告诉我，他在新生训练那一天，才走到复兴南路的红砖人行道，就感觉周边穿着相同制服的人们，每一个人似乎都在看着他，好像他的步伐怪怪的，他的制服有问题。当他走近门口，从学校里传来的尖叫、哄笑声，似乎是针对他的，他感到一阵一阵的惊慌，最后又转头回家。

另一位经常被同学嘲笑，甚至被勒索过的女生，说自己在学校里从来就没办法放松，因为不知道哪一个同学才是真正友善的。每天傍晚踏出校门，她才可以明显地感觉到自己整个身体终于能够稍稍放松下来。她说，在学校好像是在看鬼片，瞪着荧幕担心每一刻都有可能冒出鬼来，于是一直紧张绷着，可是鬼片最多才演两个小时，上学却是每天要熬十个小时。

大人的真实世界是一种客观存在的世界，但是孩子们的呢？客观存在的那一个世界，是不曾稍稍提及这些情绪的，不论是喜悦还是恐惧的情绪。如果是这样，孩子们的真实世界又应该怎样去重现呢？

孩子真实生活里的恐惧

《死神少女》是周美玲导演、监制的，演员的演技也许有些生涩，角色的塑造还算颇有特色。但更有意思的是，整部作品将动漫作品里的奇幻情境和我们目前真实的校园生活结合起来了。

描述台湾校园生活的电影或电视剧过去就有不少，《危险心灵》就是一部杰出的作品。只是，这部由易智言导演，由侯文咏同名小说改编的电视剧，其焦点是学校制度，是学校与学生之间的张力关系，比较接近一个客观世界的描述。在我们的生活里，客观的描述当然是重要的，特别是讨论有关社会制度的公共议题时，我们观看一切现象的方式自然而然会像逐渐拉开的镜头一样，希望保持距离而看到更广的面向。

只是，当我们想要描述个别学生在日常生活中每一分每一秒的感受时，又该如何去呈现呢？

在《死神少女》里，导演周美玲采取了一个极富创意的方式。这方式是极贴近真实感受的，但也是极危险的。所谓极危险的是指：这部片子因此要去碰触一些社会禁忌的或敏感的问题，包括死亡，包括暴力，也包括欲望。这些都是大人们不愿让孩子（即使是到大学生的年纪了）接触的，以为隔离开来就好了。然而，对青少年而言，特别是不再以考试为生活唯一目标的学生而言，这些主题明明就是每天活生生地在校园中听见或看到的真实。

同样的情况也出现在关于校园霸凌问题的讨论上。

所谓霸凌，也就是强欺弱的现象，这些年来越来越受到重视。只是，大部分的讨论只是集中在学校制度、老师的责任或被害者的描述，有许多不同的观察，但大多属于客观现象的描述，主观世界的一切则付之阙如。然而，霸凌是一种"文化"，一种相信权力而不懂尊重的强欺弱"文化"。在我们的校园里，这是每一个学生都沉浸其中的，并不是只有那些辨识出来的受害者才遭遇到的。他们不会去思考这制度是怎么回事，也没想到要去了解为何某人要欺负某人。他们只知道要保护自己不被欺负，甚至是如何成为强者——不止不会被欺负，必要时还可以经由欺负别人来确定自己的安全。只是，这样的心境，日常生活里的一般心情，可有大人们真正看到？

许多孩子会喜爱奇幻小说或日本式的动漫，就是因为在这些被大人们视为"次文化"的作品里，他们才可以找到自己真实生活里的恐惧，以及在幻想中终于战胜了这些困境的成就感。

压着自己的沉重包袱，终于可以放下

《死神少女》恐怕是台湾地区第一部从这个观点来拍摄的电视剧，第一部有这样立场的作品。在主流电视媒体里，敢这样去做也真的能做到，是应该肯定整个制作团队的。

然而身为父母的大人们会担心，以这样公开的方式来谈论死亡和暴力的问题，是否会对孩子们有暗示的效果？

关于这一点，父母们其实是可以放心的。一来，就像前面所言，这些主题原本就在孩子们的生活世界里。当生活中发生的事情可以通过影片提出来，同时摊开在孩子和父母面前，对孩子们来说反而不再是不可说的秘密，他们会觉得许久以来一直压着自己的沉重包袱终于可以放下。二来，周美玲导演的作品将感受的真实加以影像化后，本身带有奇幻故事的风格，反而和客观的世界适当地有所分别了。一般心智发展尚可的孩子，自然也就不会和客观的真实世界混在一起。

什么是孩子们所处的真实世界？怎么样的客观存在是我们的感情可以交融其中的？这其实是一个不容易回答的问题。然而，关于这一问题，《死神少女》也好，那些奇异幻想的动漫作品也好，其实回答了一部分，也可能是目前为止最好的描述。

操场还是战场

　　校园霸凌的相关议题，前一阵子成了热门话题，连朋友见面聊天都提到这问题。一对年轻的夫妇，前几年才生了一个孩子，现在也上幼儿园了。年轻的妈妈说："我们家的孩子太老实了。同学从背后推倒他，他没哭，还傻愣愣地看着人家，搞不清楚怎么回事。"爸爸接着说："是呀！那天刚好是家长日，那小孩就在我们面前公然霸凌了。"

　　那天我们一起吃的火锅。冬天，热腾腾的火锅似乎最适合一群人一起来抵御寒冬的"霸凌"了。我们最后的结论是送小孩子去学点健身技巧。"最好是合气道，听说只能防身用，不能攻击别人，免得小孩学了反而去欺负人。"大家听了哄堂大笑，就结束了这个话题。

当追逐的乐趣被严谨的竞赛取代

　　小孩子在操场上、在空地上，或在公园里，跑跑跳跳、打打闹闹的，原本就是平常的游戏。这样的活动，有时是全然自发的，小孩子也没什么规定，就很有默契地找到他们的逻辑玩起来了。有时是有游戏规则的，也许是"躲猫猫"，也许是"抓鬼"，但一开始还是经常有许多即兴的玩法。当然，后来规则越来越严谨，而即兴也就没有空间了。

到了小学、初中以后，躲避球也好，棒球、篮球也好，游戏的规则越来越统一。然而，规则越是完善，能玩的人就越少。大部分的人只能当观众，只有少数人能在场上玩这个游戏。当然，观众也可以玩一点游戏，如波浪舞等，但终究还是不如场上选手是真正聚光灯的焦点。

回到学校，让我们看看校园里的游戏。

当追逐的乐趣慢慢被许多有严谨规则的竞赛所取代，大部分的人其实是从这些正式的游戏中被驱逐出来的。因为除了最高、最灵活、最快、最有力、最训练有素的少数同学，很少有人可以参与这些活动的。

那么，其他的人怎么办呢？

如果将焦点从球场转到校园，我们还是可以看到大部分的同学其实继续着他们的游戏，而且是以自发性的方式来进行。他们在走廊上追逐，在阳台互相观望就可以创造出新的游戏方法，甚至在看不到的地方。不论是爱情还是霸凌，都是人们自发性的创造力所产生的游戏。

当霸凌变成道德上的禁忌

一位幼儿园孩子的家长很难过地告诉我，他的孩子如何被排斥的过程。他的孩子精细动作发展较慢，感觉身体不协调，整个人看起来就是大手大脚的。偏偏这孩子喜欢人群，喜欢热闹，每次同学们玩起自己发明的游戏，他就兴奋地跟着跑起来，甚至也不在乎别人就爬上去，经常将其他小个子的同学撞倒在地上。于是，就有同学喊道："老师，他打人！"

老师太年轻，不知道总有一些学生身体发展太慢而手脚又无法分轻重，便当场说："你这么小，就开始霸凌同学。"其他同学也不清楚这名词的真正意思，只知道这几天大人们或新闻里谈了很多，就跟着喊起来。这位家长说，孩子也只是知道这是不好的名词，都已经难过得不想上学了。

强弱或胜败原本就是所有游戏的基本条件。只不过，越是好的游戏，越是能让每个人都有胜利的机会。

当霸凌一词突然变成道德上最大的禁忌时，忽然之间，人们不知道正常的竞争和不正常的霸凌之间究竟有无清楚的分界线。父母们担心自己的孩子受欺负的同时，也对自己向来鼓励孩子积极竞争的态度是否隐藏了危险，而变得更焦虑了。

从顽皮游戏到弱肉强食

对于校园霸凌的现象，台湾地区制订了"防治校园霸凌执行计划"，规定不处理霸凌的校长考绩不得为甲，负责督导的县市政府也会被扣奖补助款。至于长期计划，台湾地区将积极制定相关法律法规，考虑"将施暴者隔离起来"。

在这个消息被报纸刊登的第二天，我的心理治疗诊所的来访者中刚好有一位霸凌的受害者。他现在在国外念书，因为圣诞节和冬季假期而回来。

因初中时受到同班同学的霸凌，使得他一直对学校或同辈聚集的环境都不由自主地感到战栗，也就一直无法正常上学。之后，幸运地在另一所中学逐渐适应，才取得同等学力。他先到北美的社区大学就读，再转到自己喜欢的学校和学系。

咨询时，我将报纸拿给他看，问他意见。他看了一下这则头版新闻，最先稍稍绽放的笑容慢慢地被沉思的表情所取代。他说："这方法当然好，只是事情是很复杂的。"

不善表达但思考迅速的他，跳跃式地提到一连串问题，还有一连串想法：霸凌要怎样定义？可能吗？很多时候是别人觉得没那么严重，但受欺负的人是很痛苦的。有些时候欺负别人的人是因为长期被欺负得走投无路而反击，也要受罚吗？隔离以后，怎么知道这个人会变更坏还是真的改善呢？他最后跟我挥挥手表示不谈这件事了："总之事情是很复杂的啦！"

我问他最近在美洲的大学生活可好，跟以前的经历比起来怎样？他的回答也叫人难过："反正太复杂了，我也就决定做'独行侠'，不再交朋友了。"他解释说，就是不去注意这些白人或拉丁裔或黑人是怎么交朋友的。亚洲裔的同学会主动来跟他交朋友，是为了借笔记。"反正我要求他们一定要立刻影印立刻还，也就不会担心像以前那样快到考试了要不回笔记。"

独行侠？一辈子吗？多么孤独呀！希望他不至于如此。我看着他现在不再过胖的脸庞，诊疗室外的灿烂冬阳在他脸的另一侧现出沉重的阴影。

霸凌，不易辨

霸凌产生很多可怕的问题，然而过去在大人眼中可能只是孩子们吵闹玩过头了。可是，在玩闹中越来越没有同理心的行为，其实一再地深深刺伤着被霸凌者，即使他们日后痊愈了也抹不去被伤害的痛苦记忆。

霸凌的伤害这么严重，我自己对这个名词也是不喜欢的。霸凌也好，Bully（恐吓，伤害）也好，这样的名词读起来感觉都是十分突显的，往往就误以为是十分易辨的行为。

我宁可用"欺负"这个词，特别是给大众演讲时。"欺负"是我们小时候就会有的行为，几乎每个人在成长过程中都欺负过比自己弱的同学、欺负弟弟或妹妹，以及集体欺负不认识的大人（像乞丐或太嚣张的大人）。美国幽默大师马克·吐温的作品，如《汤姆·索亚历险记》《哈克贝利·费恩历险记》，是让大人和孩子都读起来捧腹大笑的作品。特别是那些欺负人的情节，更是读者笑声的爆发点。

为什么马克·吐温的小说让我们觉得是风趣逗笑的故事呢？为什么社会新闻揭露的那些霸凌行为，却是叫人痛心而不忍卒睹？其实最主要的差别有两个，一是权力的关系，二是同理心的程度。

在马克·吐温的小说里，欺负是弱小者对权位在上者的行为，譬如，欺负那些平常爱作威作福的小恶霸。这样的故事就像《圣经·撒母耳记》里，大卫小子杀死巨人歌利亚，从来没人觉得是过分的。同样地，记得作家杨照也曾经在自传散文里写过，他曾和一群同学将教官罩着麻布袋丢到莲花池的故事，反而感觉是充满幽默的正义。

这些故事因为是弱者对强者的反击，我们有时甚至也不用"欺负"一词，而是用"顽皮捣蛋"来形容。

回到现在新闻中的这些事件。霸凌也好，欺负也好，是相反的权力关系，都是强的一方欺负弱的一方，人数多的一方压迫人数少的一方。

我喜欢用"欺负"一词，是因为这样的行为可能发生在过去也可能是未来，可能发生在任何一位学生身上，包括学校里被认定的"好"学生和任何被欺负过的人。

学校里同样是同班或同年级的同学，在权力位阶上，原本就有着越来越大的差距。

校园里的权力游戏

在美国好莱坞电影里，有专门针对中学生胃口的电影。这种电影经常可以归类成两三种模式，每隔几年就会循着这些模式再拍一部，而且永远能够保证票房大卖。

有一种模式是"老师是鬼"这样的。电影一开始是校门口全景，学校最出风头的美式橄榄球校队高大健美的年轻男人们走过，然后是一群满头金发、标致的啦啦队女孩。相对这些，抢尽风头的却是一群藏在校园角落的角色：通常是一位很神经质的书呆子，一位整天嗑药的迷糊蛋，还有一位整个人感觉像刺猬一样对外强烈防卫的女孩。两群人偶有互动时，当然是后者受尽了嘲弄与欺负。

有一天，学校开始发生变化了。也许是那个假道学的校长，也许是爱开玩笑的橄榄球队教练，不知什么缘故，被外星球异形附身或变成吸血鬼。后来老师们全沦陷了，橄榄球队员也沦陷了，连班代会和啦啦队都沦陷了。整个学校都是外星人或吸血鬼。这时，只剩那几个最被瞧不起的家伙，他们发现了这个秘密，躲到校园地下室的锅炉房时遇到了老校工，得到他的帮忙，找到方法，将外星人或吸血鬼赶出去，拯救了全校同学，包括那些平常最看不起他们的同学和师长。

这种题材的电影一再重复拍摄，而且都可以在青少年人群中开出极优的票房，足以证实美国青少年对片中校园生态描述的认同。

在影片的人物中，被欺负或被瞧不起的似乎只有少数几位，但是，从涌进影院的青少年来看，似乎在现实的校园里，大家都认为自己是属于被欺负的那一群。

在美国，就像这些影片中展现的一样，校园是有清楚的权力位阶的。美式橄榄球球员和他的啦啦队女生是权力的最顶端；其次是其他运动校队；再其次是擅长人际关系的，跟老师关系不错的同学，像班委会干部或班级领导人；然后是稍不擅长人际关系但成绩优异的。至于运动不好、人际不佳、成绩也不怎样的，大概就只能在没人关心的权力底层。

在丛林里生存的方法

我们回过来看台湾的情况，虽然情形差别颇大，但同样的权力落差是存在于学生之间的。

以台湾的初中为例，同学之间的权力位阶往往是以成绩优异为最高标准，其次是人际能力和外表（身高、美貌），再其次是家庭的富裕程度。如果拥有其中几项，累积的权力位阶就更高。相反地，越没有上述条件的，则越弱势。也因为如此，在台湾校园霸凌的现象研究中，研究人员经常指出"身材瘦小、人际关系不佳、较内向、成绩普通"，有这些特征的其中一两项的，都容易成为校园霸凌的受害人。

校园里的权力现象也可以进一步解释霸凌中的"霸凌者""被霸凌者"和"旁观者"的三角关系。

每个人也许不一定想成为霸凌者，但每个人都希望自己的权力位阶是更高的；每个人也许可以忍受自己的权力位阶在别人之下，但每个人都不愿成为被霸凌者。

我曾经遇到一位拒绝上学的初二学生，他不像典型的拒学那样先由抑郁、焦虑或身心症状开始，他开始拒学是因为"勒索"同学被告到老师那里去。他的"勒索"手法很笨拙，在小卖部看到有同学带的钱较多，就要对方拿钱给自己。可惜，他是新手上路，找的地点也不够隐蔽，口气不够狠，连身材也谈不上高大，自然很快就被训导处通知父母来了。

父母一到学校，几乎要抓狂了。他们说，不是上学期才说在家偷钱是因为被其他同学勒索，父母也因此对导师抱怨许久，怎么这学期就沦落成勒索别人的坏孩子了？

这事件一发生，他不再去学校，也几乎不讲话。我们第一次见面，两人在诊疗室沉默了相当长的时间，也没有太多的进展。至少有三五次的会谈在沉默中度过，也幸亏我过去对这样的孩子有一些经验，受得了这些难熬的时刻。终于，他慢慢地说出他的沮丧（对自己、对学校和对父母的）和愤怒。初中阶段原本表达能力就不足以叙述复杂情节和情绪，我也就通过他许多片段的描述，才进一步描绘出大概的全貌。

当年进到这所初中，害羞和稍稍瘦小身材的他，很快就成为班上几个同学开玩笑的对象。后来，这个原本只是顽皮游戏的作弄越来越过分，从帮忙去小卖部跑腿买零食，到帮这一群同学垫钱。这也就是他零用钱不够用，只好回家偷钱的缘故。一方面他生气被这些同学欺负，另一方面他又很喜欢跟他们在一起，因为跟他们在一起，似乎别的同学也会怕他，他也就很有安全感了。

特别是上学期父母来学校找导师，折腾一番后却什么都没改变。那些同学暂时不叫他跑腿了，只是遇到他时会说："我们现在都没叫你做事了！不可以去乱打小报告。"这样确实没有威胁字眼的话听进耳里，反而更恐惧。他终于知道，原来，在学校这座丛林里，父母和老师根本管不到所有方面。于是，他认为唯一安全的方法，就是让自己被他们接受，譬如开始去帮助他人勒索。

去勒索其他同学这件事，其实他内心也已经挣扎许久。可是，想来想去，这终究是在丛林里获得安全的唯一方法，终于还是做了。

等他被抓到训导处，父母也赶到时，他忽然松一口气，觉得从此不去上课也是一件很好的事。他放弃辩护、放弃学业，也几乎要放弃自己过去种种对人生的期待了。

从被霸凌者到霸凌者是很容易的，几乎每一个权力位阶还没爬到顶的学生，都是有可能的。每一个人其实都只想当一位旁观者，因为没人愿意有任何的风险。只是当大家一起起哄时，旁观者也不得不加入，而从"霸凌行为的默许者"变成"霸凌行为的次要执行者"。

在校园里，只要这样的权力位阶存在，霸凌的问题是永远没法消除的。只是，在平常没意识到时，可能会说："那只是调皮捣蛋，爱欺负同学罢了。"

人与人之间，当权力位阶存在，当权力带来的特权被许可甚至被羡慕时，所有的关系也就从游戏般的玩乐，变成越来越弱肉强食的霸凌了。

霸凌标签

台湾鸿海集团创始人郭台铭先生曾说："霸凌，这就是人生必须经历的事实。"

他还说："如果你把孩子放在一个无菌室成长，那以后他们就得接受不断的挫折。"

他自己的成长过程里，身为外地人第二代，小时候在家讲山西话，在外与玩伴学闽南话，到了小学才开始学普通话。"我和其他孩子玩在一起，他们说我是外地人，好几个打我一个，我也是拿起拖鞋就跟他们对打，回家还不敢说呢！"

家里的孩子在一起玩，也会打架，郭台铭却不制止，反倒制止一旁要保护孩子的家人。

这几年来，"霸凌"这一议题，自从桃园某初中的个例在报纸上被披露后，开始成为台湾上上下下皆相当重视的一个议题。

霸凌现象是该重视，强者欺负弱者原本就不被鼓励。只是，当这议题被无限上纲，孩子们之间的所有冲突或稍激过激一点的互动，都被称作霸凌时，这问题就必须加以深思了。甚至，当纠正霸凌行为成为唯一的政治正确，无法容许有不同的意见或声音时，面对这问题就必须用更审慎的态度。

关于霸凌，却不一定是霸凌

两个案例，关于霸凌，却不一定是霸凌的。

在朋友聚餐的场合，一位三岁男孩的妈妈忽然忧心忡忡地问起："我的孩子这么调皮，爱作弄人，以后长大会不会霸凌别人？"

原来，她家刚开始上托儿所的宝贝儿子，特别喜欢班上的一位女孩子。但是才三岁的他，没有太多的社交技巧，表达喜欢的方法是去摸摸女孩子的脸蛋，碰碰她的肩膀，惹得这位可爱的女孩都哭了。幼儿园的老师通知家长，很委婉地说："小孩子只是玩玩啦，但是不知道这以后会不会发展成霸凌行为。"

另一个案例则是关于一位中学生的。

祥森是我门诊的个案，读高中一年级。从小害羞却倔强的他，上了高中以后立志要做一个受欢迎的人。没想到，因为他过去朋友少，想法也就相对较幼稚，在班上努力交友，还是处处碰壁了。一位颇具母爱的女同学经常来安慰落寞的他，渴求朋友的祥森忍不住问她可不可以当他女朋友。女同学拗不过祥森的固执询问，勉强答应了。

自从答应后，祥森开始干涉她和其他男同学的聊天互动，最后闹到教官那里去，造成了双方家长到学校开协调会的情况。

女方的家长是心疼自己女儿的，自然愤怒地骂祥森的家长，说："再有过分的行为，我们就到教育部去告学校纵容学生的霸凌行为。"这时，原本还在劝双方家长的教官和导师，似乎有了新的担心，开始改劝祥森的父母将他留在家里，暂时不要上学了。

这是霸凌吗？还是霸凌带来的寒蝉效应？

霸凌的基本观念

霸凌所强调的严重欺负行为，是包括两点基本观念的：第一点，它是发生在生活关系中的（如同一学校或同一社区），因此是持续的；第二点，它的持续发生，对被霸凌者造成创伤性的伤害，影响了他当下的发展（学校学习或人际关系学习），进而伤害了他的人格。

当初对霸凌问题的倡导，是因为如果不加以呼吁，包括父母和师长在内的大人们，很可能不了解这种行为带来的伤害，而以为是孩子们之间的吵吵闹闹。

秀池是我过去的个案，现在在国外念大学，每次暑假回来都会找我会谈。当年他就是被霸凌者，持续努力无效，最后不敢去上学。只是当时没有霸凌这个观念，老师认为秀池太软弱，这情形刚好可以磨炼他。父母也觉得男孩子就是要坚强一点。

一直到秀池持续拒绝上学，老师和家长才慢慢发现，原来欺负秀池的那一位同学，其实是嫉妒秀池的成绩比他好，于是故意怂恿同学有计划地捉弄他。结果一群同学将欺负当玩乐，每个人开始竞赛似的轮流想新招式，越来越过分。

只是这一群同学，也算成绩优秀，一般大人根本无法想象这群好学生会有这些恶意的行径，等到要处理时，已经太晚了。

现在，秀池虽然顺利回到学习的轨道，可是他在新的环境里还是有很多当年创伤的后遗症，包括不跟亚洲学生来往，言谈之间愤世嫉俗，甚至有一些反社会、反权威的特质。

适当的挫折，才是最好的助长环境

真正的霸凌，和孩子们之间在成长过程中遭遇的欺负问题是不尽然相同的。

郭台铭所讲的"（被）霸凌，这是人生必须经历的事实"，这里指的霸凌，其实只是一般的欺负。

心理学者原来就认为，有一定的困难才有克服后的信心。英国儿童精神分析师温尼科特就说："适当的挫折是孩子最好的促长环境。"少年郭台铭被一群本地同学欺负后，一定是立志要欺负回去，让这些人刮目相看。而这心愿也一定会如愿以偿，少年郭台铭因此才变得更有自信，为他日后在事业上的雄心壮志打下信心的础石。

我们每一个人回想自己的成长，一路走来不也是和郭台铭有些类似？包括被欺负的挫折，我们会去努力，也许一下子，也许很久以后，才终于克服。在这一过程中，我们变得更有信心，才有后来的成长。

我们千万不要忘了人类终究还是演化自哺乳动物，还是有一些大自然动物的本能。虽然我们不至于弱肉强食，但是要将小孩子们驯服成天生的和平无争，其实是痴人梦话。甚至，当我们对孩子之间的任何竞争，动辄贴上"霸凌"的标签，这样乍看是爱护的行径，恐怕只是剥夺他们在成长过程中有"适当的挫折"的机会，也就是等于剥夺了他们的行为。

拳头以外的方法

有人说："这社会本来就是以大欺小，本来就是拳头大的要打拳头小的，所以进化论才讲物竞天择，适者生存。"这一段话不见得是达尔文的意思。

达尔文描述的是包括人在内的各种动物的社会行为，只是某些人将这个理论不明就里地拿来解释社会的不公平，进而合理化了社会的不平等，这也就是社会达尔文主义，恐怕连达尔文本人都不会同意的。达尔文固然主张"适者生存"，但他对强弱的看法不是"拳头"这类赤裸裸的力量。

一个孩子在成长过程中，遭到别人的欺负，大部分是会慢慢想办法欺负回去的。"报仇"也许是用拳头，但是更多的时候，小孩子就会发现拳头的报复有限。他开始想用不同的方法，包括在成绩上更有所提高，让欺负他的人开始崇拜和后悔。

相反地，如果一个孩子经历了许久，还是用拳头解决问题，通常是两个原因：第一，他在他的世界里，也就是学校以外的地方（通常是家里），也是经常被拳头欺负的；第二，他的能力成长有限，没能力或没机会学会拳头以外的方法。

第六课

拥抱，治愈彼此

为人父母，是一段无法预习的旅程

"我是不是一个失败的母亲？十分糟糕却不自知。"在最近的一次会谈里，张太太这样问我。

认识张太太不知不觉已经超过十年了，最初是在某知名女中的辅导室。那一年，她的小女儿湘君被导师发现在左手前臂上有许多细细的、不甚平行的伤痕。那个年头，自我伤害行为是刚刚受到心理学相关专业重视的新话题，敏感的老师也就很想积极协助，找我去和家长及相关老师做个案讨论。

当时，印象深刻极了。我坐在会议长桌的一端，十分讶异眼前的一切：身为母亲的张太太，反而最不以为意，觉得学校太小题大做了。倒是专程从东莞赶回台北的父亲谨慎求问，表现出十分在意的模样。

究竟怎么样才可以成为好父母？当时，看着眼前的这一对夫妻，我直觉地认定这个妈妈太不用心了。直到多年以后，在陆续陪伴这个家庭的过程中，我才改变了这个想法，也更深刻地体会到身为父母的不易。

孩子的好成绩，成了确保婚姻的条件

身为父母，原本就比想象的困难，这大概是大家都同意的。然而，不只比想象的困难，身为父母也比想象的压力更大。每个父亲或母亲的一言一行，都不是单单只要考虑自己的感受就可以的，而是有很多的顾虑。父母，特别是母亲，他们需要顾虑的事何其之多，仿佛身后都背负有很多幽灵似的。

父亲或母亲的顾虑，可以分成好几类，包括配偶、自己的原生家庭、其他子女、大家族和社会关系。

我还清楚地记得十多年前见到张太太是在这所历史悠久的女校旧楼的会议室。那个下午室外的阳光很烈，整片毛玻璃格子窗外的椰树叶影左右摇曳。当时的我虽然有点资历，但也有经验不足的地方。如果同样的情景再出现一次，我也就不会对张先生的忧心忡忡有所感动，更不会对处处自我防卫的张太太在不知不觉中流露出不耐烦和不悦了。

如果再来一次，我会问身为父亲的张先生：既然这么担心，你打算采取怎么样的具体行动？是否积极向公司争取调回台北？还是将湘君转学到你工作的城市？因为在那一次咨询后，十分诚恳地表示担心的父亲，拍拍屁股就回了东莞。与其说他是父亲，不如说是圣诞老人，每次都只在重要场合做一次亮相，平常就好似在距离最遥远的北极，连电话都不太通畅。

至于母亲的处境，是后来我和张太太的会谈次数越多而彼此有些信任后，她才慢慢说得更清楚的。

原来张先生在台北总公司时，就经常喜欢和女同事言谈举止之间有意无意地暧昧撩拨。身为太太的她原本不知道，直到有一位单身女同事因为张先生拒接电话而吞药自杀，整件事在公司闹得沸沸扬扬的，才知道先生平日的行径。她几次责备先生，但先生总是一副无辜模样，也就无从追究了。

夫妻开始发生冲突的那一年，准备升高中的大女儿湘云，成绩忽然大大退步，最终只考上了家附近的社区高中。而张先生仿佛完全与湘云的成绩失常无关，反而还指责专职在家带孩子的太太没尽到妈妈的责任，只顾无端闹他，忽略了女儿的成绩都不自知。张太太明白湘云初中最后一年是受他们夫妻吵架影响才心情大乱，只是，也确实找不到先生外遇的证据，觉得理亏，更以为是自己失职害了大女儿。

后来，基于公司的许多考虑，也包括女同事自杀未遂一事的影响，张先生被公司调到东莞当主管。乍看是升官，其实是有训诫的用意。倒是他一开始有些失意，后来越来越习惯那里天天应酬的生活，甚至传出有外遇的风声。而在台湾的张太太尽管听闻了这些消息，也只能自艾自怜地告诉两个女儿要争气，好像先生的这些行径都是母女"合作"出来的成绩不够理想才造成的，好像两个女儿成绩够好就可以挽回先生似的。

这两个女儿果真也越来越自律，忽然间都开窍懂事了。

她们以近乎自虐的态度——一种臻至完美主义的标准，来要求自己的行为举止，特别是成绩。

而这也就是小女儿湘君自伤的原因：原本总是考第一名的她，暑假升高三时开始有几个同学成绩差点赶上她，甚至超越她。湘君越来越慌乱，不自觉地用刀片划伤自己的手臂。当刀锋滑过皮肤而血微微渗出，那一股痛楚反而纾解了长期紧绷的压力，很难放松的自己忽然整个人轻松起来。同时，这样的"仪式"，正好也是对自己的成绩不佳进行了应有的处罚。

而母亲的心境也是和两个女儿相近的，仿佛她们的表现要够好，才是确保自己婚姻存续的必要条件。

这也就是为什么我们第一次见面时，在学校的共同讨论会上，她的表现是充满自我防卫的。因为如果承认女儿有任何问题，不就代表她回家以后更没资格向丈夫要求他该有的责任义务吗?

对婚姻的顾虑，影响到父母的角色意识

身为父母，总是充满顾虑。其中一个最常见的顾虑，就是配偶，或者更准确地说，是婚姻关系。

像张太太这样，自结婚以来，和先生的婚姻关系越来越失衡。依家庭动力学的讲法，两人原本应该平衡的权力关系，越来越倾向先生那边了。她开始不自觉地以受害者的姿态，将两个急着想帮忙的女儿也拉到自己这边，勉强将权力的天平又维持住暂时的平衡了。于是，对婚姻的顾虑，渗透到她担任母亲的角色意识中。身为母亲这件事，也就因婚姻的顾虑而开始有些走样，甚至扭曲了。

有些时候，身为父亲也同样会被婚姻的顾虑所扭曲。我曾经听一位已经离婚的父亲说："我怎么可能对孩子太严格？如果这样，对他们的妈妈来说，不是正中下怀？"男性一样会因为顾虑自己的婚姻而影响了自己的为父之道。这影响很难说是否比女性少，但至少是细微且隐蔽许多了。

婚姻经常影响我们做父母的方式，但这不是唯一的影响。比婚姻更容易影响为父母之道的，恐怕是父母自己的原生家庭。

像张太太的女儿们这样不自觉却十分卖力地努力，可以挽回爸爸吗？当然，事实根本不是这样。

在会谈的过程中，张太太越来越清楚这些年来发生的一切，其实可以有更多不同的解释，而不是只有过去那样一味地自责。在一次会谈中，她因为更清楚这一切，于是近乎崩溃地大哭。她问，明明自己从小在家人或朋友眼中，都是很优秀的，为什么现在将人生搞成这样，几乎是兵败如山倒般地节节败退。

当年，还是大学生时，追求她的男同学有许多家世或外貌都远远优于张先生，以至于恋爱时张先生是如此殷勤，唯恐惹她不高兴而失去了她。

我反问张太太：那么多的好对象，为何偏偏会选上张先生？

她才悠悠地讲起自己父母的婚姻，包括连先生也不知道的秘密：原来父亲有另外一个家庭。

从小印象中老是在怨叹的母亲，是她最大的噩梦。她总觉得是母亲能力不足而父亲条件太好才造成了父亲的外遇。自然地，不知从什么时候开始，她就觉得应该找一个条件不如自己的男孩子作为自己人生的伴侣。她反而害怕接触条件太好的男孩子。曾经有一两个男孩是自己也十分心动、近乎爱恋的，他们也很明白地向她表示了爱慕之意，但最后她退却了。

原生家庭的秘密不仅影响了她选择的对象，也造成了她自己没察觉的自卑。每次有任何状况发生，她总是习惯自责，仿佛事事的失败都是自己所造成的。她不喜欢母亲的自艾自怜，自己有孩子后却也对她们自怨自艾起来。

学习过家庭治疗的人，必然明白原生家庭对一个人影响之深。家族治疗大师维吉尼亚·萨提亚甚至用她的书名直截了当地指出"家庭塑造人"，甚至有些家庭治疗师表示，我们每个人身后都背负着很多的家族"幽灵"，随时随地影响着我们，当然也影响了我们如何为人父母。

张太太因为原生家庭造成的自我责备的习惯，在婚姻关系里，早早就步步退让。早在两人交往以后，即使是张先生殷勤追求时，其实就开始自我责备而不断没道理地让步了。

做父母，没有预习的机会

为人父母这条路是一个没有预习机会的旅程。

前一阵子，在电视节目里，一位台湾知名的企业家感慨，他因为偶然的机遇才开始有机会陪两个儿子生活，发现自己错过了许多为人父应有的付出。他说，对新诞生的女儿，这次他是绝对不会缺席了。

像他这样，对自己为人父母的角色能够反省而承认不足的，已经是相当不容易，也是相当好的父母才能做到的。只是，再做一次（他女儿的）父亲，就可以不犯错吗？这确实不然（这位企业家也没这样认为）。那么，虽然犯错不可避免，但再来一次更好吗？也许吧，但也没有绝对的必然。

因为为人父母没有预习的机会，所有人在成为孩子的父母时，几乎是条件反射般地将小时候父母如何对待我们的方式，运用在我们和孩子的相处里。

这样的说法，许多人一定会不以为然。

很多人往往觉得自己决定当父母是诚心诚意想要当更好的父母，甚至是日后令儿女百分之百满意的父母，所以下了苦功，包括好好阅读相关的书籍，也包括随时思索自己的所作所为以及自己成长过程中被对待的方式。这一切努力，如果好好观察其结果，其实可以归纳如下：我们察觉曾让我们不愉悦的教养方式，会努力避免施给下一代；让我们喜欢或当年遗憾父母没提供的，会积极施给下一代。但是，不管好坏，有察觉的只是一小部分，而我们经历的教养方式更多的是我们完全没意识到的，也就因此经常条件反射式地做出反应。

张太太可曾故意抓住两个女儿来帮助她维持和先生之间的平衡？她不仅没有故意，她甚至从没意识到自己已经有所行为了。这一切像是被遗忘的记忆忽然被唤起，下意识地发生作用：只是因为当年她的母亲是抓着她诉苦，如今她也同样对着两个女儿伤心流泪了。

我们大人总觉得自己曾经是孩子，曾经是青少年，所以就很了解孩子们的成长。我们总是如此，认为自己经历过的比在书上读过的要深刻多了。何况，青少年时期是自己最刻骨铭心的阶段，我们更加认为自己会很了解这一阶段的孩子。

然而，果真这样吗？

当然不是。如果是这样，所有父母也就不会觉得和孩子相处是挑战了。但即便是反射动作式的教养，也不至于全然都是问题——顶多只是些许。更何况，原本就没有"完美的父母"，只有"够好的父母"。

为人父母的最后一课

许多年后，再回来找我咨询的张太太，因为大女儿的抑郁症而开始自责，觉得是自己当年做母亲的失败才造成湘云今天的情绪障碍。许久不见的张太太，会谈一开始就说："我是不是一个失败的母亲？十分糟糕却不自知。"

从来就没有会自我省思的失败母亲：会省思，就是有在努力；有在努力，就没有全然的失败。

为人父母原本就是困难而复杂的事情，更是受到许多层面的顾虑所左右。只是，这一切尽管困难而复杂，一旦上路了，做父母的就要回到自我相信但保持反省的状态。

为人父母本来就是不断犯错的过程，离不开后天的学习。只不过，好一点的父母知道自己尽力了，够好就好了；不好一点的父母则还在追求不可能的完美，惹得自己和子女都很挫败。

十多年前，刚刚认识张太太时，她是如此自我防卫而拒绝思考；现在的她，其实有很多真诚的思考。只不过她还是习惯性地自责罢了。

我告诉她我看到她这十来年的成长，甚至两个女儿也成长许多。更何况这一次大女儿湘云的抑郁，其实是像凤凰浴火重生般成长前的过程，是正向意义的抑郁。她其实可以学习信任，相信自己的两个女儿是有她们生命的韧性和潜能的。

为人父母的最后一课，就是信任，就是放手。

失去拥抱的少年

　　在一次工作讨论中，一位同事放映了一段影片。那是一个颇有名气的心理学实验，年幼的猴娃娃有两个陪伴对象，一个是永远有食物的钢丝母猴模型，另一个是没有食物的毛茸茸材料的母猴模型。心理学家再做一个可怕的外表与电流足以吓坏猴娃娃的怪模样玩意儿，然后试试看当猴娃娃受到惊吓时，会选择哪一个母亲客体。

　　同事在这里将影片暂停，问了一下我们各自的答案。

　　这是一个教科书会提到的实验，大部分的同仁也许都曾不经意地读过。只是，因科技进步，包括我在内的许多同事，都是第一次看到这段影片。

　　在影片中，食物是那么的惹眼，而毛茸茸或钢丝是那么微不足道，直觉也就几乎压过过去的知识（何况是不特别重要到会成为考题的知识），脑海立刻浮现了受惊吓的猴娃娃应该是奔向平常它较常接近的有食物的妈妈的画面。同事将暂停的影片再度开启，接下来的画面却是与我们说的相反：吓坏了的小猴几乎飞奔一般，毫不犹豫地整个儿爬上了毛茸茸的妈妈身上。

在第一时间，我们几乎都愣了一下而后嘈嘈切切地谈起来。一位同事还说："不是说有奶就是娘吗？"

漫长的旅程，孤独的少年

在诊疗室里，一位有礼貌的年轻人只是安静地坐着。他不是耍酷，也不是羞怯，只是单纯的沉默。

我忍不住又一次开口找话题："说说看那些年发生的事吧，暑假没回来时，你是怎么度过的？"

他是初中二年级就到新西兰基督城的，在母亲同行办完寄宿家庭和学校的手续后，剩下自己一个人，就这么留下来。

而南半球的新澳学期制度和北半球相反，就像季节是相反的一样。所谓暑假，是圣诞节和新年，有时还包括了中国人的春节。

他说起了辍学以前的最后一个暑假。那是到新西兰的第三年了，他知道家里身为公教人员的父母是不可能提供机票让他回去的。他开始在每天的午餐费里、在所有的有限的零用钱里挤出一些，慢慢存钱，慢慢努力存下一笔或许可以回家的钱。当然，学期的最后，他知道即便每一顿午餐都省下不吃，还是不可能有足够的钱买回去的机票。

从没离开基督城的他，开始搭长途大巴到布兰尼姆，再渡海到北岛的惠灵顿，然后再从北岛最南端坐到最北端的奥克兰。他说，他也不知道为什么要坐车到奥克兰，他只知道自己可以去找一位女孩子，他们是在回程的飞机上认识的。当时两人虽然谈得很愉快，可也只有那么一段航程的相处。

只是漫长的假期开始，所有认识的朋友都回去了，他也没好好计算钱是否足够，就一个人坐着大巴开始漫长的旅途，甚至不确定那女孩在信中的邀请是客套还是有心。

为了让他更明白当时的想法，我说："也许，你们在飞机上的那一段谈话，是你到新西兰两三年来最快乐的记忆。也许，这不一定是爱情，只是在那一阵子，是她给了你在新西兰唯一可以找到的家人一般的亲切感。"

多年以后，我才第一次到新西兰旅行。我采用的自由行，是从基督城出发的。只不过我的旅程是往南走，到南岛南端的达尼丁。

我坐在长途大巴上，慢慢体会到新西兰这座岛的可怕长度。忽然想起这位年轻人：天呀，他那一个暑假走的路程，至少是我这趟旅程的三倍，而且还是来回两次。

这样一趟漫长而孤独的旅程，就由一个台湾来的中学生独自完成，当时他的个子都还没长高。

自己怎么都没有想家呢？

我知道，作为一位心理治疗师，我这一生再怎么努力分析自己，自己的临床工作、自己看个案的眼光，还是脱逃不掉自己成长经验的主观影响，也就是弗洛伊德一再说起的，临床工作人员自己的反向移情。

在那一次的咨询里，我倾听的同时，脑海里记起了几幕初中一年级的画面。从台中回南投竹山的公共汽车上，人潮塞满了所有可能的空间。幸运的我，或者说，宁可多浪费一个小时而在下一班巴士到达时可以排在前面的我，整个人挨着车窗坐在最边上。记忆中，似乎每一次都下雨了。车厢内的温气将车窗都染上浓郁的雾气，除了水滴什么也看不见。而我坐在车窗旁，只能安静地看着这些永无止境的水滴，空气中的氧气永远不太足够的感觉，也都成为自己最深的记忆。

还有一幕，也是挤公交车的。我初中一年级读私立延平中学时，在信义路上好不容易挤上回家的公交车，却发觉自己碰不到车上的扶手。而车顶的握环，对当时的我来说，像天一样高。我记得自己没坐两站就下车了，一个人沿着漫长的琉公圳慢慢晃回去。

那时，偶尔周末接我去她家聚餐的姑姑，主动问起："会不会想家？"我怔了一下："好像都没想过。"

我记得这一段对话是因为在回答的那一刻，我觉得自己十分内疚也十分不正确吧。

自己怎么都没有想家呢？

奢侈的拥抱

受到惊吓的小猴，立刻寻找的是任何可能的拥抱，而不是丰裕的食物。孩子在面临他们无法挑战的压力时，也同样希望自己能有一个足够安全的拥抱。

那一个拥抱，最好是触觉十足的，将自己原本受惊吓的皮肤或血管的反应都可以压下来；那一个拥抱，也最好是翻天覆地的，将自己纳入最安全的子宫里，再也不用面对外面世界的任何一点惊吓；那一个拥抱，当然是要有足够温度的，让有些胆寒的自己可以再度被温暖。

这样的拥抱是十分奢侈的，几乎是蹒跚离开母亲后就不可能再寻得的。通常，人在这时候只想要一个小小的连接。虽然这连接可能只是理想拥抱的百分之一都不到，但是有了这连接，似乎也就不是那么孤独地暴露在残酷世界里了。

那连接也许是几封电子邮件，一些共同成长的老音乐，网络上像脸书这类的虚拟社会，那一位前往奥克兰的男孩脑海中曾有过的想象。这些，就够了。

至于那些连这样的连接都没有的人，心情自然走向下一步——寂寞。而寂寞的下一步，就是忧郁，就是无感了。

二十世纪八十年代以前，欧洲和美国的精神医学界经常争论一个关于忧郁的观念：对欧洲的传统来说，melancholia 和 depression 是不同的，是两种不同的低情绪状态。

关于 depression 这个台湾翻译成"忧郁"，而大陆译成"抑郁"的名词，欧洲的传统观念里是一种反应性的忧郁，是因为外在压力长期无法改变而产生的情绪低落（根据这个观点，大陆译成"抑郁"似乎较接近，是遭抑制而忧郁的）。

而 melancholia，希腊文所谓的黑胆汁病，欧洲人则认为是一种体质的、较先天的，也较属于人格一部分的忧郁。也许就像《红楼梦》中的林黛玉，或者是琼瑶剧流行时的那种忧郁小生吧。

学得无力感的少年

不断被攻击而找不到任何拥抱的猴子，最后会出现忧郁一样的表现，这是美国心理学家马丁·塞利格曼提出的"学得无力感"理论。只是不知道这攻击不是在猴子的成年期，而是更小的阶段，也许是幼年，甚至就算是青春期，会不会结果又不同了？

从基督城回来的那位青少年，他是因为越来越多的旷课而中途辍学回台。在我和他会谈的那段时间，也就是一般该是大学的阶段，我也同时发现他的学习问题。当我告诉他父母，虽然他的智商属优等，但中文程度无法看杂志，英文程度也无法看报纸和文学性的教科书时，他的父母惊愕的表情，直到今天我还清楚地记得。

像大部分青少年一样，他没有太多情绪的忧郁，而更多的是愤怒。随着时间推移，对自己的愤怒也逐渐消退了，取而代之的是对自己的失望，甚至放弃。

我没告诉他父母这一点，因为，任何方法去说明这个过程，都像是在责备他父母当年留学的安排。生命是很复杂的，从来不是线性的因果逻辑可以解释的。所有的决定，在当初，也都以为是最好的抉择。

就像当年小学毕业，我就开始离家到台北读书。在命运的滚滚洪流中，我只是幸运地生存下来了。

永远是边缘人

我自己喜欢旅行，也一直认定所有的人都应该喜欢旅行。就像这一刻，刚刚看完书稿想好好写些文章的我，一方面是因为阅读带来的许多感触而激动不已，另一方面其实是准备打包行李出发去旅行的。这两件事都叫人紧张，全身肌肉不知不觉紧绷，所有的感觉很容易就变成条件反射式的动作。

但是下笔写作，对我而言，却是需要身心放松下来，让思绪缓慢，然后感觉才能像百花慢慢绽放开来，召唤天地之间的灵感。即使如此，自己的思绪还是因为即将开展的旅行而蠢蠢欲动。

生命太渺小，任何的迁徙都可能遍体鳞伤

暑假到了，就该好好来一趟出游，欧洲的巴黎或布拉格很浪漫，台湾的花东或中横也是一样迷人。心理学的研究里，对人们性格的分析中，有一项变量一直都被公认是极为基本的，也就是对新事物的渴求强度。

有些人喜欢许多新鲜的事物，有些人则避免变化，这是这项

变量所指出来的。只是我总以为这不过是相对的问题，程度不一而已。每个人都还是有基本的好奇、求变等倾向的。直到，遇到阿伦，我才知道，原来有些人如此不喜欢旅行，即使只是短距离的移动，连身体都会有激烈抗议的。

段奕伦，我习惯称他阿伦，1998 年回到台湾，那一年经由他母亲的介绍而认识。

阿伦的母亲施寄青是台湾的知名人物，是女权运动的倡导先驱之一。认识阿伦不久，弟弟埃里克也回来了，也就是施寄青著名的作品《儿子看招》里的那位儿子。

许多年来，陆续听阿伦和埃里克讲起，或读到施寄青写的儿子成长故事的片段，这些语言和文字虽然都是轻描淡写的，但在平静中，经常夹带着令人心惊肉跳的故事。生命果真如我们经常提及的那般庸俗，像茫茫海洋中小小的一叶扁舟，一不小心，就可能拥有完全不同的命运。听他们讲到景美找母亲的故事，到加勒比海小岛打棒球的神奇，在南非白人贵族学校遇到的势利眼，或是到了美国忽然要上大学的彷徨，一切都叫人觉得心疼又不可思议。

生命太渺小，以致任何的迁徙都可能导致遍体鳞伤。所谓的漂泊，根本没有浪漫的异国情调，也没有大冒险的气魄。至于家，根本就是只存在于想象中，只能不断美化的一种存在。

我想起了犹太人描述自己颠沛流离的命运而创作出的一个词：diaspora（大流散）。是的，颠沛流离是我们之中的年轻一代还没被讨论的宿命。

每年总会听到有些父母在谈着孩子的前途，在抱怨台湾教育制度之余，计划着送孩子到欧美或日本，近年更有到中国大陆的。年纪也许是十一年级或更小的七八年级，孩子很小，就准备出发。不管是暑假到普林斯顿补 SAT（学术能力评估测试，其成绩是申请美国大学入学资格的重要参考），还是去来台举办的英国留学博览会，甚至是到异国的夏令营，总之，又一个奥德赛之旅要开始了。

也许向别人投以羡慕的眼神，也许是自己也忍不住得意了。然而，不论是掩藏不住的崇拜还是酸葡萄心理的不屑，都看不到注定的边缘人命运。

犹太命运的亚洲人心境

一位台南出生的女性友人，小学在新加坡，中学到洛杉矶，大学和研究所则在美国的常春藤学校，如今在赫赫有名的跨国金融公司做事。她一路的表现都符合成功的定义。但是，每次有朋友问她是否应将孩子送出国，她很直接地反对。"为什么要出国呢？你们不知道会发生多少一辈子感到受伤的细琐故事。"她说，即使是现在，除非留在她目前这类的跨国公司，很少能遇到了解她这种犹太命运的亚洲人心境的朋友。"永远是边缘人，不论在哪，不论有多么成功。"我还记得她讲这些话时落寞的神情。

阿伦和埃里克也是在这个时代中出现的另一种"犹太人"，只不过是父母离婚和父亲的外交工作所带来的。

有些人是真的不喜欢旅行，不仅是最诚实的身体是这样反应的，连清楚的意识也是如此拒绝着。阿伦、埃里克和他们的母亲施寄青，在这一本难得的书里——《我的老妈是名牌》，写出了一个家庭中一直被忽略的时代主题。

贫穷，一种集体的创伤

一个个案描述最近与父亲的冲突，禁不住又流下泪来。

他已经四十岁了，是一位忙碌的专业经理人，早早就离开南部故乡，工作的忙碌让他回家都是来去匆匆的。这是台湾的生活典型之一，相信很多人都是这样。

这次爸爸的一位好友回台湾了，坚持要求他在某一上班日回家，他也就答应了。他还打电话订好镇上最好的餐厅，点好菜肴，当天早早开车回去。因为从小他就知道，这是爸爸最在乎的童年好友，当年这位好友考上省中、台大，后来就留学移民了；而爸爸则是考上公费的师范，最后成为小镇的中学校长。爸爸要他回去，其实就是要让他的好友好好看看这个也是台大毕业的儿子。

只是那一天，聚餐结束后，原本一直都很得意的爸爸，不小心听到结账的数目，开始闷闷不乐，直到回家才爆发出来。我的个案激动地说："他到底要什么？要摆场面一定要花钱，而且小镇的餐厅也没贵到哪里去。"

其实他从小就受苦于爸爸的节省和吝啬。小时候穿着哥哥留下的旧衣等倒还好，到了城里念高中就开始发生冲突。特别是，他发现小镇上的人都知道爸爸的吝啬，偶尔还会调侃一番。

爸爸在家里塞满东西，全是参加公家机关或地方活动的赠品，阳台上随便就可以清出几十条毛巾，上面印有"××大会纪念"之类的，可是自己浴室的破旧毛巾却舍不得换，甚至也舍不得拿出来让难得回家的孙子们用。妻子也学乖了，这些年陪他回去都是自备毛巾等日用品，只是偶尔抱怨："比去海外还麻烦。"

其实这样的情形在台湾并不少见。经济上足够充裕了，但节俭的习惯依旧，甚至是随着年纪增长越来越明显。

永远不够的匮乏感

在我们的文化里，吝啬原本就是社会对老人几种常见的刻板印象之一。二十多年前，刚开始当精神科住院医生时，台湾许多慢性精神分裂患者都有不同程度的囤积现象。那时，要求尽可能英文记录的病历，在精神状态里总有"garbage collection（＋）"的字样，表示有收集不必要物品的倾向。

然而，随着生活条件的改善，这样的个案虽然仍是常见，但确实少多了。同样地，老人的吝啬也越来越少成为大众媒体里（如连续剧）的讽刺主题了。

只是，对贫穷的恐惧真的就过去了吗？

在我们当下的文化里，这一股恐惧其实是掩藏在不同的面貌下。

积极赚钱依然是我们的特性，有一阵子台湾流行"校园十二金钗"的话题，可以看出学生急于打工的普遍现象。打工原本是被鼓励的，但如果我们更仔细地观察这一现象，跟西方国家的青年打工不同的是：西方是有逐渐独立的必要而打工，是迈向独立的手段；我们则是永远不够的"匮乏感"，是为了拥有更多自己的时间，避免与父母发生冲突，而不是要减少对父母的基本依赖。

学生如此，大人又何尝不是。前几年股市里挤爆头，这几年则是往房地产行业里钻。不论股市还是房地产，大人们自己内心深处的那一股不安全感（不论是为自己还是为子女的），还是明显可见。

不成比例的恐惧，是从哪里来？

害怕匮乏而永远觉得不足的积极赚钱，是一种"恐惧贫穷"的面貌，"怕输别人"则是另一种面貌。

十多年前，新加坡报纸有一个漫画专栏颇受欢迎，专门讽刺一般民众的生活态度。里头的主角就叫"Mr. 惊输"（后两字用闽南语发音）。新加坡国庆典礼，邻居拿到入场券，他也非要替家人弄到不可；麦当劳开始推出套餐送小玩具，他也要到处奔波终于凑齐一套。新加坡民众看这些漫画就像是在讽刺自己，哈哈一笑，然后就可以暂时放下了。

同样的现象也不知不觉出现在台湾。不同的是，台湾民众或许经历太多商业操作的心理攻势，也就不容易相信各种广告语言。

只是，一旦能突破这一点，开始掳获人心了，立刻就成为全民运动。前一阵子流行的拍打治百病，不就是这样？每个人拿一根棒子，拼命往自己身上打。

还有一种现象，是对于贫穷的恐惧有一股挥不去的阴影，即使台湾已经经历这么许久的稳定和富裕了。在还没完全过去的全球性金融危机，甚至各种风波和自然灾害中，对台湾而言，财富的损失是事实，但濒临匮乏的情形其实并不多见。这时，我们不禁问：这些不成比例的恐惧，又是从哪里来的呢？

贫穷的阴影

一位离婚的女性，在诊疗室里说起她这一波金融危机的损失。这是一位会谈进行半年多的个案，却是我第一次对她的财富有初步的概念。她因离婚获得的赡养费，恐怕是没有几个白手起家的人可以赚到的。相对地，她所说的损失，与她的财富相比，也就更显得不成比例了。我开始想到这半年来她对治疗费用的锱铢必较，好像这一分一毫都会影响她的生计。我们开始讨论贫穷，她父母早年来台的故事，甚至是稳定下来以后又恢复那种只重排场而不在乎孩子实质经济压力的态度，其实是她作为早期留学生，却是同侪中最没钱，而遭各种细微歧视的故事。

虽然台湾富裕许久了，贫穷的阴影却始终存在。居住在台湾的人们，除了本地居民，不管自称本地人、外地人，还是最近的新住民，自己的家族故事里似乎都有着说不完的逃难与贫穷。这些历史究竟产生了多少影响呢？恐怕是过去的心理学专家所忽略的。

也许贫穷本身就是一种创伤，一种集体的创伤。而且，就像其他创伤一样，造成创伤的故事也许流传下来，也许根本没听过，但这股创伤所造成的正向与负向力量还是一代又一代地传下来了。

这些集体创伤的负向力量，在任何相似的威胁逼近时，不管主体的能力现在是多么强大，都还是有同样的自我保护反应。就像一个身材高大的成年男人，如果童年时被狗严重吓过或伤害过，听到狗吠或其他逼近感出现时，忍不住都还有进入警备状态的反应，只不过表现的方法不同，外人不一定看得出来罢了。

美国的社会工作这些年来开始注意到大城市内在贫穷所造成的财务创伤，但是只是强调下一代对未来很不容易有正向的看法，甚至甘于毁灭的宿命观。

台湾学者则有一些间接且只是针对特定人口的研究。譬如黄淑玲教授就曾指出，如果母亲年轻时曾从事色情行业的，其女儿从事相关活动的比例明显增高。只是这些研究并没从创伤的代间影响来讨论。

但我们如果将这一切研究放大，将我们个人或我们周遭人的生活经历结合起来一起看：对贫穷的恐惧，有没有可能已经成为我们的文化情结？

男孩失去的男性气概

虽然，直到现在，对大部分的人来说，在台湾闹得沸沸扬扬的塑化剂究竟是什么东西，相关的一些专有名词，像是起云剂之类的，又是什么东西，仍然搞不清楚。但是，2011 年 6 月的塑化剂事件，对于台湾的父母而言，它不只是关乎孩子的食品健康问题，甚至是孩子未来的性能力问题了。

一群妈妈在电视上或平面媒体的采访里，纷纷关心起自己儿子的生殖器大小问题。她们担心因塑化剂对人体发育长期的影响，自己的孩子，即便是三五岁的小男生，生殖器也受影响了。

这样的状况之下，妈妈们公开讨论自己儿子的性器官，恐怕是台湾历史性的一刻：精神分析式的说法，妈妈与儿子之间的欲望，原本因为禁忌而潜抑在潜意识层面，也许是传统父权的社会结构早已不知不觉地松动改变了，如今，因为塑化剂话题的触发，开始可以在意识层面更明显地公开这种欲望的联结了。

这种说法虽然有点言过其实，但是，整个内涵恐怕是值得细细思索的。

不过，也许这群妈妈所关心的，不只是性器官问题，而是自己的男孩现在或未来的男性气概问题了。

李慕白，我们文化中的男性形象

从二十世纪七十年代以后，美国社会开始担心本国的男性越来越软塌塌、越来越娘娘腔。特别是在二十世纪七十年代女权运动的相对积极有力，再加上整个运动虽然阳刚阴柔皆有之，但阴柔原本就是社会刻板印象对女性的预期，自然其中的阳刚也就成为一般（男）人唯一注意到的部分。男性对女性的阳刚开始有所注视，开始有更强烈的阉割焦虑，而开始反映成对外的攻击（对女性或同性恋团体的猛暴攻击——因为来自恐惧而更激烈），或是对内的要求。在这样的社会冲击下，所谓男性对自己内在的要求，最具体的例子也就是男性运动了。

在华人社会里，男性权力的社会形态，从来都不像美国演员约翰·韦恩那种西部牛仔的形象存在姿态。在我们的社会，李安所导演的《卧虎藏龙》里，周润发饰演的李慕白，才代表了我们文化中的男性形象。

这两种形象所代表的男性，其中的明显差异是需要相当长的篇幅才能说清楚的。只是，随着全球化的文化影响，台湾也好，大陆也好，开始出现越来越具有男子气概的男性形象。这种形象，虽然和美国文化有所差别，但比过去似乎更接近一些。总之，在现在的台湾，比起过去，男性是被要求要更"硬"一些了。

男性被要求要更"硬"一些的同时，我们社会却不允许更多的空间给"软"男人。

但还有男人可以以十分"娘"的方式公然存在，像日本社会近年所谓的"草原男"，在台湾也是越来越明显。但是，这代表台湾更开放了吗？关于这样的问题，恐怕是要保留的。严格说来，上述矛盾的涵容能力只存在于"看得见"的社会空间。所谓看得见的社会空间，是属于媒体会注意而他们也有能力知道在这信息化的社会中要如何去说和去引起媒体的注意。然而，更多的是"看不见"的社会空间。

在看不见的社会空间里，这种涵容能力恐怕不一定存在。举例来说，台湾中小学各级学校里的霸凌事件，即便是教育部发文并采取相关措施了，但还是越来越严重。

学校越来越多的霸凌和妈妈们担心自己儿子的男性气概，这两种现象的同时出现，不能说是巧合，恐怕是存在相关性的。

在现今的台湾，究竟是男性气概越来越不足，还是对男性气概的要求越来越高了呢？还是两者皆有之？这问题就算是在对男性长期的展望研究下，恐怕也是没有绝对答案的。

对男孩未来男性气概的焦虑

荣格学派也好，弗洛伊德学派也好，妈妈们（或者说父母们）的关心和男性气概原本就是两个互相抵触的存在。

出生于波兰华沙的德国心理学家爱丽丝·米勒，这位于2010年去世的伟大的儿童心灵探索者终其一生不断提醒广大父母，在抚养儿童的过程中所必然带来的创伤。对她而言，父母的抚育，不可避免地会有父母自恋性的投射。在这投射中，父母选择了他们要的或认为好的部分，却也压抑了或者说是虐待了他们所不要或不好的部分。这就是她所谓的"自恋的虐待"。

对父母来说，自己儿子的男性气概是不被他们所期待的。在台湾塑化剂事件里，在电视上或媒体采访中担心自己儿子的男性气概是否受伤，其实仅止于那些还是学龄前，顶多上小学的男孩子而已。成人的男性气概，特别是那些充满积极性和攻击性的，还有性指涉的，是妈妈所不愿看到，也不是家庭空间中所允许的。

我们很难想象，一位被称为枭雄的企业强人，也以同样的姿态去面对他们的父母；我们也很难想象，某位男性偶像，用十分性感的眼神在凝视他们的父母。

男性气概和家庭抚育，原本就是冲突的存在。《铁约翰》这本在男人运动中被许多人视为"圣经"（至少是最有影响力）的书，清楚地指出这一点。作者是美国诗人罗勃·布莱，他的思想是在荣格的大传统下，特别是受到美国荣格学派大师约瑟夫·坎贝尔和詹姆斯·希尔曼的影响。

《铁约翰》的原型是格林兄弟童话里的《铁汉斯》故事中的小王子，原本是父母所疼爱的，只是当他的玩具金球滚到关着野人的笼子里，为了取回金球而到王后（母亲）枕下取出钥匙，一切就改变了。

野人代表的是男孩失落的男性气概，是父母不准的（所以钥匙放在枕下藏起来，而野人则是关在笼里）。只是一旦男孩擅自取出钥匙，也就代表着他将要离开父母的管束，离开这个家园，才能重新拾回他的男性气概。

离开家园，自我野性的探求

对所有家庭里的孩子来说，离开家园意味着自我野性的追求。这种追求，对于心理学家埃里克森而言，是自我认同形塑的开始；对荣格来说，则是人们开始和自己的阴影接触，开始看到和唤醒自己身上原本就有的男性气概。

至于，焦虑的父母又该怎么办？

父母也许该学会笨一点，学会失能一点。

当孩子开始好奇地往外探索时，我们要当作没注意到；当孩子开始有自己的秘密时，我们要"笨"到像是没任何感觉；当孩子蹑手蹑脚偷溜出去时，我们要装作呼呼大睡。

所谓的父母之爱，是用在阳光下，彼此乐在其中的。至于阴影下的，父母就不要再挤进去，徒然制造紧张，否则会使孩子失去唤醒男性气概的机会。

对自己的美，永远都觉得不够

最近工作上有些与设计相关的事务，也就打给许久没联络的M。M是我大学将毕业时所认识的朋友。那时，我到台北实习，M则是从欧洲留学回来，还带着一个外国老公。认识的那一年，我在马偕医院当最不惹眼也最操劳的实习医生，M一家则住在中山北路，许多周末的晚上我是在这对年轻夫妇家"混"过的。

电话里谈完正事，自然就会想起她老公和孩子们。原来大儿子已经回欧洲念大学，而小儿子也将在明年夏天去欧洲。她笑着说："你太久没看见他们，搞不好在酒吧遇到过都不认识。"

二儿子长得高，才高二而已就认识几个想当艺人或模特儿的男孩子，经常周末结伴一起去酒吧溜达。M也不担心老二喝酒的事，只说，这老二太爱漂亮了，每次喝点酒就担心长出痘痘，所以根本不敢喝，也就不需要他们做父母的多管。

M继续说："我真没想到自己生出一个这么爱漂亮爱打扮的小孩，照镜子的时间早晚要花二十多分钟，稍微冒出痘子就整天生闷气，甚至还失眠呢。我和他爸爸问他，他就说'你们大人不懂啦'。"M顿了一下，自己笑着说："哈！好像我祖母。"我知道M的意思。二十多年前我们一群人在她家"混"时，M一起同住的祖母经常半抱怨半开玩笑地说："你们在玩什么？这样有什么好玩？"而M就回答说："你们大人不懂啦。"

不同的时代，不同的价值与迷恋

不过M对孩子在乎外表这件事，的确百思不解。在我们自己流行波西米亚风格的年轻时代，生活虽然是享乐的，基调却是简单朴素的，甚至有一点反物质的。我还记得1993年时，德国舞蹈家皮娜·鲍什第一次到亚洲表演，我们一群朋友都跑去香港观看了。在那个宁可省吃俭用挤青年旅馆的日子里，大家忽然发现一起同来的前卫剧场导演L去买了三件名牌衣服，那一股震撼反映在大家的冷嘲热讽里。对于那一年的记忆，和当年那出"1980，皮娜·鲍什的一个舞蹈"是一样深刻的，就是"名牌"开始侵入文艺青年的外表了。

在这样的背景下，尽管我们尽可能考虑不同时代不同文化的差异，用我们的思考来理解当下年轻人的物质态度，恐怕也仅能表示"了解，但无法接受"。

当我的青少年个案开始谈起他自己是如何辛苦打工储蓄才买到那一双限量球鞋，或是那一件很好看的某某名牌外套时，我虽然可以肯定他们的毅力和付出，但还是要告诉他们，"万一你从我的语气或态度上感觉到我还是有那么一丝的不认同，请你要原谅，因为这些想法和我年轻时差很多，很震撼，我还在学习"。

究竟怎样的价值观才是"正确"的？在我们那个时代，整天迷摇滚音乐时，为了一张原版黑胶唱片而省吃俭用，连三餐都可以不顾了。那时我们年轻，理直气壮。尽管父母觉得不可思议，但我们到现在还是认为自己是对的。同样地，为什么当他们为了一件名牌而省吃俭用，又是如何的想法，让我们觉得这样的选择是"不正确"的呢？我们（身为父母的时代）现在的不以为然，又能比当年父母对我们的规劝，高明到哪里去呢？

一位定居英国的朋友，两三年回来一次，每次几乎都听她说："现在的台湾人，越来越漂亮了。"走在大台北市信义区的她，虽然指的主要是穿梭往来的年轻人，但是"连中年人也越来越好看"。

在台湾，大家常说，人民的素质越来越高，越来越懂得生活。这"懂得生活"一事，其实就包括如何让自己好看。然而，这种素质、生活方式，其实是要花时间去学习和揣摩的。

我们的年轻人花在镜子前的时间越来越多，电视节目中讨论外表的话题也越来越多，我们大人一方面虽然有不同的意见，另一方面其实又从源源不绝的信息暴露中，早已经不再抗拒被"潜移默化"而学会如何让自己更好看了。

只是，要多好看才够呢？

厌食症，极端的代表

这让我们想到另一个极端，对自己的美永远都觉得不够的趋势，"神经性厌食症"就是这种极端的最典型代表。

神经性厌食症可能在历史上早就出现了。包括英语在内的欧洲语系目前仍沿用的名词，其实是十六七世纪疾病观念的产物。拉丁字的形容词在后，nervosa（神经症）本身有点像英文的nervous 或 neurotic（现在台湾的译法前者是神经质，后者是精神官能症），其实都是文艺复兴以后人类开始敢解剖自己的身体后（以前是不可窥探的，因为人体是神的神圣产物），发现人体里有神经系统，所以就将所有找不到专属器官的问题都归神经系统。比这些琐碎症状再进一步不寻常的症状，也是没有专属器官又太奇异到人类仍然无法理解的现象，则又归还给神，而称之为心灵问题，psychic 或 psy-chotic（心灵的、灵通的或精神病的）。至于心理学的概念，在那个人类的行为、思想和结构纷纷被自己命名的时代，其实是还没诞生的。

神经性厌食症这一名词出现在心理的观念之前，以致有了一个因为是十分生物学而极不达意的形容词"神经性"，大家也就很习惯地称之为"厌食症"。

如今，在诊断里，不论是《精神疾病诊断与统计手册》还是《国际疾病伤害及死因分类标准》，神经性厌食症都是和"神经性暴食"一样放在饮食疾患下。

厌食症再次被西方的临床专家注意到，是二十世纪六十年代以后，最著名的案例是二十世纪七十年代红极一时的木匠兄妹双重唱的妹妹卡伦了。她在 1983 年猝死，唤起了世人的注意。

相比较而言，厌食症很晚才出现在亚洲。1988 年我在台大精神科当住院医生，当时急诊病房来了一位神经性厌食症的患者，后来由同事曾美智医生（现今台大医院精神部身心科主任）写成个案报告，成为台湾第一例有纪录的神经性厌食症的案例。

从那以后，台湾的厌食症案例迅速增加，在二十世纪九十年代增加到某一程度就维持住；反倒是暴食症的比例越来越高，甚至形成了女中学生的次文化。

1990 年前后，有一位从伦敦来的家族治疗师兼精神科医生到台大精神科演讲。他是以厌食症患者的家族治疗闻名于世的。他表示，在更早的四五年前，他同样应邀到亚洲，新加坡也好，香港也好，都要求他换题目，不要讲厌食症，"因为这里没有这种病"。可是，才四五年后，上述的这些地方，包括台湾，都开始问起厌食症的治疗方法。

美，没有标准

芳郁是我做总住院医生时，第一次直接照顾的患者。她被送来住院时，已经是皮包骨，体重只有三十三千克左右。那时的台大病房对厌食症已经开始有些治疗经验了，也就反应迅速地进入备战状态，让内科和营养科一起来照顾，包括强迫灌食、点滴二十四小时不断的营养供应等。在这么低的体重下，心肺功能处在极端的环境中，是随时可能猝死的。所以，强迫医疗是必要的，而传统精神医学重视的沟通是完全无效的。

我还记得当时她的母亲也好，我和同仁们也好，都试着要告知她猝死的危险。可是芳郁只是担心她好不容易减肥成功了（但她不认为足够——虽然快没命了），变好看了（其实是皮包骨的骷髅状），却可能被这些强制的养分所破坏了。记得当时的计算机断层扫描显示，她的脑室和脑裂扩大，像极了老年痴呆症的病变，大家也都以为真的"神经性"症状是存在的，再也变不回去了（后来才知道多虑了，国外期刊也陆续报道了这一发现，原来那是脑细胞集体减重，失脂太多而收缩的体积效应，往往恢复正常体重后，大脑形貌也就跟着恢复了）。

芳郁渐渐恢复时，体重虽然还不到四十千克，但可以慢慢交谈了。她对自己外表认知的扭曲，也就成为治疗上的重要目标之一。她表示，虽然她太轻了，理想体重应该是四十二千克，但是，她的屁股实在是太大了，丑得她根本不敢上街去。

任何的病房工作人员听到她这么一说，都忍不住看一眼她的屁股：根本就是皮包骨嘛，怎么会太大？还记得一位护士忍不住扭屁股朝向她问："那我的呢？我的比你大不是更丢脸吗？"芳郁果真正经八百地说是比她的大，可是很好看。总之，绕了半天，就是她的屁股永远太大而难看。

为了改正她这一点扭曲的认知，我们还特别要她妈妈拿些当年的照片。那些年台湾才开始流行拍个人沙龙照，喜欢时髦的芳郁，在身体情况恶化前也拍了一组。

我在会谈时指着其中一张照片，说："这一张呢？我觉得好看极了。"原本十分融洽的会谈气氛，倏忽变得冰冷。芳郁的笑容变成了愤怒，说："王医生，你在开玩笑吗？"我吓了一跳，很紧张地想一想自己到底哪里错了，却又百思不得其解。当年年轻还稚嫩的我，用有点抖抖的声音说："我真的不知道，我看不出问题。"她很生气地指着照片中的手臂，那是一个回眸侧照的半身相，夏日露肩的手臂就在照片中央，说："你不觉得像猪腿一样粗吗？"这答案太出人意表了，我根本忘了保持中立而忍不住接腔说："没有吧，我看很漂亮呀。"

那一次会谈后，连续好几天，我去病房找她，她都不搭理我了。

人们对美的标准，特别是自己的美，其实是可以十分极端偏见而不自知的。而我自己的标准，又好到哪里去呢？

自恋的文化

　　一对父母因为学校的处置态度，气吁吁地来找我帮忙。

　　我能做什么呢？一个心理治疗的专业人士，是跟学校的辅导室经常打交道，但是对学校的风格文化之类的，似乎插不上手。也许他们找错人了，他们应该去找人本教育基金会或家长联盟之类的组织。

　　然而，我终究还是和他们见面了。一方面，我的秘书向他们解释了半天，他们还是很坚持；另一方面，我和他们之间的共同朋友，也就是介绍他们来找我的这位朋友，向来是很明理的，会介绍他们来找我，应该是有些道理的。

　　我是在这样的情况下见到吕渊的父母。

　　吕渊是某个知名私立高中的高一学生。根据当初的学测成绩，他是可以选择前几名的公立高中为志愿的；不过，在父母的一番分析后，他还是选择这一所私中。父母当时很诚恳地向吕渊表示，他的个性仍然不够果决、不够积极，在这种情况下，公立高中的自由风气如此诱人，吕渊能持续自己初中时代的意志力，继续往前冲吗？父母向吕渊表示，一切选择父母都接受，可是，在这种逻辑下，向来不是很有自信的吕渊（这一点，他的父母没有判断错误）能够不落入父母强烈暗示的逻辑吗？

第一学期，吕渊便有些后悔了。特别是和昔日的初中同学聚会时，听他们说起在建中、附中，甚至是和平高中或内湖高中，各式各样的精彩社团活动，吕渊总是很沮丧，因为在自己的学校里，这些电音社、热舞社或动漫社，不是没有，就是聊备一格，根本看不到任何同学投入同样的热情。

特别是当第一次月考成绩公布后，吕渊发觉自己才名列班上第九名，他简直慌了。原先，他以为以他学测的分数，在班上一定是前三名。再加上他认为自己既然牺牲了自由的高中生活，自然在成绩上要有表现。当然，也再加上他还记得父母说的他不够坚毅果决，他也同意了，也因此，担心自己失去名次后，就失去了毅力。想到这一切，他几乎慌了，而且是从来没有的慌乱。

只是，就像大部分的青少年对自己情绪的觉察能力是有限的，吕渊也没意识到这一切慌乱，以及这慌乱对学习所造成的负面影响。可想而知，第二次月考虽然他觉得自己更努力了，结果名次才进步一名。这时，他整个人更是吓坏了。在这种情况下，不知什么时候，他开始有了作弊的念头。他当然内心是挣扎的，可是，又担心下一次仍没把握领先，也就慢慢地开始进行作弊的计划。

总之，吕渊后来还是作弊了，而且很快就被老师发现，在班上产生了一次不算小的风波。

自恋之怒

在这所讲究升学率的私立高中，老师经常会遇到吕渊这种情况：为了有更好的成绩纪录，即使是成绩不错的学生也可以不择手段地作弊。除了班上同学知道这件事，学校的老师也稍微有所耳闻。只是，当吕渊的父母到学校讨论时，他们的观点让老师们对吕渊更加印象鲜明了。

来到学校的父母倒不是否认自己的孩子作弊，相反地，他们不仅接受，还当面对吕渊表示难过和遗憾。只是，他们不断地提醒老师们，是否应该好好反省学校的升学制度，以及同学们之间过度竞争的这种气氛。他们不断强调：如果吕渊不是读这一所私立中学，这一切也就不会发生了。

主任和老师们虽然同意吕渊父母的观点，心中却有一股细腻而强烈，又不知从何说起的愤怒，在内心说："如果是这样，当初为什么要送吕渊来这学校？"

老师们的愤怒是可以理解的。教育是他们的专业，学校文化也是他们努力发展出来的，是为了赢过公立高中，找到好学生的唯一可能。如今自己的专业和自己的心血，居然被这两个外行人"质疑"。在这种情况下，任何人都会有精神分析所讲的"自恋之怒"，通俗的解释就是我们平常所说的"恼羞成怒"。老师们没有因失控而当场表示不满，只是像没事人一样，看上去心静如水，其实这股怒气不知不觉地转移了。

如果我们跟老师一样，我们的专业被别人用一种很细致的方式羞辱，却无法反击，甚至连将委屈说出口来都没办法，自然会不知不觉地随时找其他的事物来作为出口的。于是，当吕渊在下学期的某次数学考试时，因写太快而不自觉地抬头东张西望时，监考的老师（也就是授课老师之一）立刻认定他又作弊了。而且，不仅是这位老师，所有老师都不怀疑这个"事实"。

父母又来了。可以想见，吕渊的父母走进学校的模样：他们脸上的表情流露出的义正词严。

成熟的自恋，是自信

每个人都有他自己引以为傲的核心价值，其中包括我们投入心力的专业，也包括我们对自己人生的许多领悟和看法，还有更深层而不自觉的许多经验。依弗洛伊德的讲法，这就是我们的自恋。

每一个人，包括每一个正常的人，都会自恋。自恋的存在，原本就是一个人应该有的心理机制。自体心理学这一派精神分析的祖师爷科胡特甚至认为，一个人的成长就是在追求更成熟的自恋。也就是说，弗洛伊德学派里有些人将自恋视为相近于荣格自性化的意义。

越成熟的自恋，自然是越自信，也越能觉察自己的情绪和这情绪背后的原因。在这种情况下，也就不会被激怒，不会有所谓的自恋之怒了。

然而，大部分的人，甚至是有一定经验的心理治疗师，当自己的专业被挑战或痛处被触及时，自己的自恋被伤害了，自然是会抓狂——只是大部分的时候，受文明驯化的我们都压抑着。只是，自恋之怒不像其他情绪，它在不被自我察觉而只是压抑时，不容易内化成其他身体或心理的表现。通常，它像一条躲在暗处的蛇，抱着"君子报仇，十年不晚"的态度，一有机会就飞奔过来噬咬加以报复。

只是，又是谁能让这么多的老师都抓狂呢？

通常，这样的人有更为严重的自恋，甚至可以说是自恋人格了。想想看，当吕渊第一次作弊时，他的父母看上去是接受了这个事实之后，仍然可以义正词严地表达他们的理念，甚至在描述这些理念时用不知不觉的方式，很优雅地将老师们都攻击了。究竟是怎样的人才能有这般的本事？又究竟是怎样的心态，才可以这么容易地跳过自己（孩子）眼前的错，而直指别人较遥远、间接且不紧迫的"问题"？

"I"自恋，"I"主义

我们这一时代，人们是越来越自恋了。

二十世纪八十年代的美国，也曾经历过这一阶段。一位知名的历史学家兼社会评论家克里斯托弗·拉什就写了一本《自恋主义文化》来描述这些现象、原因和带来的问题。

我们这一时代，在某些方面，越来越接近拉什描述的二十世纪八十年代的美国。当社会的家族文化慢慢瓦解，刚刚冒出头的个人主义似乎不可避免地走向自恋的阶段。

当时代的氛围越来越自恋，身处其中的我们当然也不可避免地比我们父母那一代更自恋了，而下一代可能又比我们更自恋些。我们喜欢说下一代是"I"世代，从 iPhone、iPad，到 I want（我想）、I don't（我不），所有都是"I"；我们其实也该想想，在我们父母的眼中，我们其实也很"I"主义？

当大家都更自恋，自然就会有更多符合自恋人格的人，包括自恋的老师，当然，也有越来越多拥有自恋人格的父母。

在诊疗室里，当吕渊的父母向我陈述事情的来龙去脉时，我便开始明白我们共同的朋友为何建议他们来找我。

我听着他们的愤怒和偶尔不自觉地流露出来的得意，脑海中开始想：我要怎样才能将话题从学校文化这类的大议题，转到吕渊的相关问题？怎样开始揭露他们的自恋而不激怒他们，包括如何避开他们不自觉的竞争本性？最重要的是，怎样让他们察觉自己的自恋如何影响了吕渊？

自恋的父母往往以爱为名，却剥夺了孩子自我健康发展的机会。

第七课

慢下来，陪伴是最长情的告白

全能孩子长大之后

最近翻了几本美国刚出版的书籍，都是关于"自恋父母"的，是一位在美国求学的曾经的个案推荐的。他在写给我的电子邮件里问："现在我越来越明了如何抽离来处理跟父母的关系了，只是，担心的是，我以后会不会也不自觉地成为不够成熟的父母？"

二十世纪八十年代，西雅图一位儿童精神科医生托马斯·米勒（后来迁居温哥华）提出"全能孩子"的观念，探讨少子化（指生育率下降，造成幼年人口减少的现象）。所谓的全能孩子，用最简单的话来形容，就是二十世纪九十年代后，在台湾也好，大陆也好，都普遍注意到的"小霸王""小皇帝"现象。

因为少子化，孩子成为"稀有动物"，围在四周的大人所共同关心的焦点。因为拥有的注意力是如此之多，几乎不可能被忽视，也就没有所谓的"适当的挫折"了。孩子只有经由适当的挫折，才能注意到外在世界的存在，慢慢了解原来自己不是宇宙的中心，甚至只是现实世界中微不足道的存在。同样地，孩子也因为克服了适当的挫折，才真正从心底建立起自信心，而不是"小霸王"那种表面的强势，其实内心不堪一击。

只是，当这些全能孩子都长大，甚至成为父母以后呢？

比自己的孩子更在乎掌声

在还没回答这个问题之前，我想到美国社会学者拉什的名著《自恋主义文化》。他批评二十世纪九十年代的美国文化是典型的自恋，人们活在一个自我感觉良好的世界。

所谓自恋，也就是那一种"全能"或"无所不能"的感觉持续存在，甚至是用尽办法来维持和证实这些能力还是存在的。

拉什在二十世纪九十年代的社会观察，如果衔接上之前米勒关于全能孩子症候群的提出，也许我们可以说：在美国，二十世纪八十年代的"小霸王"成为二十世纪九十年代的自恋文化，在世纪之交变成有了孩子的自恋父母。到如今，这些人的孩子也长大了，他们开始思考：怎么回事了，自己的父母？

有一个个案提到自己的烦恼，太太因为从没上台与孩子领奖过而和儿子关系紧张。原来孩子所就读的是一所相当有名的私立学校，这几年对学业排在前几名的孩子颁奖，开始安排父母也一起上台领奖。他说，有些家长甚至盛装出席，与孩子一起十分正式地摆出各种姿势趁机与校长合影。太太生气的是孩子的功课一直都没好到让她有上台的机会。

个案是关心妻子与孩子之间的紧张关系，可是我不禁想到不同重点的画面：父母兴奋地上台领奖，比孩子更在乎这一次又一次的掌声。

究竟谁才应该是众人目光所注视的？是孩子还是还没长大的父母？

还没长大的父母

在台湾经济起飞的二十世纪七八十年代，有些早早成功的父母对孩子无限夸赞与包容，在少子化还没到来的时代，就造就了不算少见的娇宠孩子。也有一些父母，将时间全投入到起飞的事业中，对于被自己忽略的孩子也就只能用无限的物质来满足了。当然，也有一些全然被忽略的孩子，因为自己的资质优异而知道如何获得父母之外的大人的注视。这些在不同情境长大的孩子，虽然还是有其不同的细微之处，但同样都长成了还没长大的父母。

寄书给我的那位个案，他一直受苦于总觉得自己不够好，尽管学业或课外表现都非常优异。面对他从小每一次的成功表现，父母从没有打心底里发出夸赞，而只是兴奋地四处向人炫耀。过去，他以为是自己不够好，这些成功还是不够成功，所以父母的喜悦眼光从没好好凝视过他并穿进他的瞳孔，让他感觉到自己在父母心中是非比寻常的。现在他知道了，是父母还处在小孩子的心态，不懂得欣赏他的成长，而将他的成就当作炫耀他们自己的装饰品。花了许多年他才发现，原来自己不仅没问题，而且还是很不错的。

比起爸妈，我还是差太多了……

"怎样才能让孩子更有自信呢？"

在演讲的场合也好，在治疗性的会谈里也好，这样的问题经常被提出来，而且，提出问题的对象，通常是一位已经十分焦虑的父亲或母亲。

如果是面对年幼的孩子，我自然而然就会以温尼科特的"适当的挫折"来作答。温尼科特说过："适当的挫折是孩子最好的助长环境。"孩子什么的成长？当然就是广义的自信心了。

所谓挫折，是指可能失败也可能成功的挑战，是当事人的过去经验所没有把握的。当人们面对可能造成挫折的挑战而加以持续，自然会挑起每个人本性里的潜能，所有的努力必然会有挑战成功的一天。而这个过程将在我们心灵深处内化成生命的一部分，日后面对同一类的阻碍时将不再担心，甚至是越来越有把握，也就是累积更多的信心。

只是，信心建立的条件不只是这一种，特别是青少年或将成年的年轻人。在现代社会里，个人信心的建立，至少还涉及家族里代与代之间的一种微妙动态。

我是在诊疗室里遇到燕珊的，她的情形就是这一类。

会谈了半年多，原本忧郁而无助的燕珊几乎是复原了，我们已经开始讨论如何逐步结束会谈。没想到这一天，燕珊一坐下来就开始哭。原本明天就要去新工作单位报到，展开新的尝试，可是昨晚她告诉爸爸时，爸爸却立刻十分粗暴地否定了。

燕珊刚刚应聘到的是一家新开业的五星级饭店的柜台工作。她虽然两三年都没工作，但因为流利的英语带来的优势，加上得体的外形，居然脱颖而出。

对燕珊来说是带有胜利成就感的事，对爸爸来说却完全相反，爸爸生气的是，居然是"饭店这种抛头露脸地服侍别人，而且一个月的工资才两万五"的工作，不论是对他当初送燕珊出国念高中和大学的苦心，还是对他和太太在社会上都算是有点头脸的身份地位来说，似乎都是很难接受的。

当初，燕珊在纽约快大学毕业时，原本已经应聘到一家金融公司工作，不巧却因为雷曼兄弟的二次信贷骗局引发的金融危机，原先的工作承诺被取消了。再加上"9·11"事件后，美国提高治安警戒，非美国公民的毕业生找不到工作的话，签证很快被注销，燕珊没法留在纽约慢慢应征，只好先回台北。

燕珊决定回台湾时，电话里听到爸妈的口气，似乎一切都没问题，听他们两人的口气好似有办法帮忙安排好工作。没想到，回到台北，才发觉父母早早就退休了，不再有太多的人脉关系可以将她安排进到那有限的几家跨国金融公司。

燕珊的个性其实是内向有点害羞的。虽然多年来只身在外的生活，将她磨炼得看上去有些自信，只是逐渐地，随着几次不顺利的应聘，她越来越忧郁。待父母发现问题的严重性，才积极行动起来，开始安排各种治疗，包括到某大医院自费的 VIP 门诊。因为这样，燕珊才转介来做心理治疗。

因富裕而被剥夺的一切

有些时候，我会庆幸自己生活在一个最好的时代。特别是面对年轻的个案，听他们因为富裕而被剥夺一切时。

在我出生的时候，因第二次世界大战造成的贫穷已经逐渐远去。我们的童年虽然不富裕，却也从不匮乏。所谓匮乏，依法国分析师拉冈的说法，是来自不足。也许是自己曾拥有过，也许是知道别人拥有，也就有了一种自己是不足的，一种还少了一些东西的匮乏。而我的成长，虽然贫困，从来就不是匮乏的。

随后世界渐渐富裕起来，不同国家也都陆续富裕起来。二十世纪六十年代以后的台湾，在我成长的过程中，也同样地富裕起来了。我们这一代的成长步伐，很快速地跨过我们父母那一代的成就。因为台湾成长了，就学的成本不再昂贵，而就学的机会也更多了。我们的学历比父母高，加上台湾的就业机会还在持续增加，我们的工作也比父母的更好。

二十世纪九十年代的台湾，电视上有个让人印象深刻的奶粉广告，一句温柔的文案深深烙印在人的心头："孩子，我要你比我更强！"这则广告是将孩子未来的成就描述成"比父母更强"。在整个时代条件和时代气氛下，我们那一代的大部分人都比自己的父母更有成就，也因此大部分的人比父母那一代更有自信，或者说，自信不输他们。

下一代比上一代更有成就不一定会更有自信；然而，如果要有更多的自信，必定要更有成就。

我们这一代成长在一个幸运的时代，家庭和社会都富裕以后，开始有六年或九年的全民义务教育，也开始有更多的大专教育的机会。自然地，我们在教育上的成就很快超越了父母。日后，在社会阶层向上移动的层面，也很快超过了父母。当二十世纪八十年代的台湾有了空前绝后的最大也最有影响力的中产阶级，我们也自然而然地跟着整个大环境晋升为其中的一分子。

这一切的发生，都是在无意识层面的。当时，包括我在内，每一个人都将这一切当作理所当然，也认为未来也是理所当然地会继续成长。

直到遇到燕珊这样的例子。

笼罩在父母成就的阴影之下

像燕珊这样的情况的人，在这一个时代有几十万。

他们虽然有机会去国外读书，有父母优渥的经济支持，甚至有一个物质不虞匮乏的童年。但是，他们失去的，却是更多。

有太多过于有成就的父母，以致孩子失去了胜过父母的机会。他们失去的不仅是胜过父母的机会，在他们成长的过程中，不论做什么事，都是父母曾经做过，不输他们，甚至做得比他们好太多了。几乎，除了网络游戏等数字时代才有的玩意儿，他们的成长走不出父母的成就所笼罩下来的阴影。

燕珊小时候成绩不错，在台北某一知名私立学校，排名总是班上前十名。父母也了解这所资优的私校竞争十分激烈，这样的名次是"可以的"，只是他们总希望自己的孩子更好，也就经常不经意说出"我小学六年都是班上前三名""我当年在初中从没有掉到第五名以外"之类的话。只是父母忘了说，他们当年读的可能是乡下的小学和初中，同学间的资质差太多了。和大部分的孩子一样，燕珊也听进这些话了，内心深处开始有个想法："我虽然还可以，但比起爸妈，我还是差太多了。"

就这样，"我还是差太多"的心情，让燕珊这一代面对未来时，开始莫名地担心，更谨慎地跨出每一步。

还记得这一句广告吗："孩子，我要你比我更强！"

这广告多可怕、多可恶呀！它的出现，其实就开始抓到当时父母所恐慌的点，因为"一代胜过一代"已经不再是理所当然的了。最有效的广告，往往说出人们已经拥有却还没察觉的心理。然而，口吻依然乐观地维持原来的期待，让广告的意象产生了抚慰这一切不安的效果。既然广告中那位妈妈依然可以如此自信，可见她身旁的那个神奇产品有可以保持原状的神奇效果。有了它，做妈妈的也可以不用担心外面世界的一切改变了。

如果忠于将发生的变化，也就是继续顺着原来想说的担心去讲，就变成人们最不想知道的预言了。想想看，这样的话虽然很准确，但有人要听吗？"孩子，你如果按我的路走，你的未来不会比我更强的。""孩子，你的未来更糟！"这岂不是像革命的煽动口号了？

但是，燕珊他们恐怕也要接受这个事实，因为要亲自面对这一切改变的，是他们的未来。

只是，燕珊被阻止去从事新工作这件事，似乎也警告着：不只是年轻人，连父母也都该好好听听这一时代的真实状况！

哀悼的温度

哀悼是一个重要的问题，在近年的台湾越来越受到重视。

二十世纪八十年代以后，傅伟勋教授的《死亡的尊严与生命的尊严》一书，让人们看见自己生命中的生死，思考和关注随之而来，而有了生死学的发展。然而，更早以前，在台湾护理界，赵可式教授早已苦行僧般努力数十年。她累积下来的影响，在傅教授等人开始倡导后，一切也就水到渠成了。这些年来，在医疗界、哲学界和宗教界，都兴起了临终关怀的运动。

死亡在台湾从此不再是禁忌，甚至可以被安详正视。在家庭的共同秘密中，也就是没有人规定但大家都知道不可以触碰的话题，在过去，死亡往往只是其中之一。但是这些年来，死亡不再是台湾民众绝对禁忌的话题。

当死亡不再是禁忌，当人们也通过生死学和临终关怀熟悉了伊丽莎白·库伯勒·罗斯所提出的五个心理阶段（否认、愤怒、讨价还价、抑郁和接受），在台湾，我们的哀悼（失去至亲的情绪），还有怎样的议题、现象或温度可以去追求的呢？

通过死亡，与至亲有更多的了解与联结

失去至亲的五个心理阶段只是一种理想状态，我们借此从情绪中暂时抽离出来，诊断看看自己走到哪一个阶段了。有人则检视自己的生活是否建立新秩序了，了解自己的生命是否被牵绊而尚未痊愈。也有人开始回顾自己的生命，开始回顾自己和去世的至亲之间过去数十年来的关系。总之，方法越来越多样了。

我自己习惯引导个案去看过去的生命经验。

一位许多年不再见面的个案，忽然又打电话来约诊，原来是他父亲突然去世了。当年在博士班时，指导教授对他的呵护和引导，投射在他心中几乎化身为一位理想的父亲形象。因为如此，不知不觉地当他言必称教授时，他在真实生活中，开始激起自己的父亲在潜意识层面的嫉妒和进一步的竞争。教授鼓励他往专业方向再进修，甚至去海外，父亲则坚持要他开始考虑生活的现实层面。教授不自觉地引导他信仰某一宗教时，父亲勃然大怒，甚至在他面前落泪，表示再也没人继承祖先牌位的祭拜。我们的会谈，随着个案自己相当不容易的努力，看到自己和两位父亲的关系，看到这两位父亲甚至在自己心目中终于重叠为一致的形象，而他自己也逐渐走出来。

再一次见面以后，我先了解他近年来的概况，包括专业上越来越投入地追求，也包括拥有一位可以支持自己专业的妻子，以及他父亲如何死亡。

他父亲是因急性心肌梗死而去世的。这样的告别，忽然之间，

他充满了对父亲的负疚。特别是在面对母亲"反复不定"的态度时，更觉得自己竟然连母亲都照顾不好，而察觉父亲的辛苦，却已经来不及对他表达任何感谢。

对于治疗师来说，这是一次难得的机会。过去的心理治疗是因为父亲的议题而激荡澎湃，现在又因为父亲去世来会谈。虽然丧事的繁重和失落的心理还在急性期，会谈的约定往往不容易找到合适的时间，只能隔许久再约一次。

可是，在第一次的引导中，和过去的分析衔接起来了，他自己再一次仔细回想和父亲的关系，包括从父亲同伴或亲戚的描述中，似乎对父亲有了更多的了解和更深的联结。第二次会谈时，虽然还受困于母亲的心情，但他也开始明白母亲反复的态度是她还处在哀悼之中，他不必急着要求母亲快快从悲痛中走出来。

死亡，使生命更丰富

这样的工作，是传统的哀悼心理治疗所常处理的面向。另外还有处理来不及的告别、来不及的亲情等，也是常见的面向。只是，果真"死者为大"，一切都是生者的功课吗？在《死亡的益处》一书中，心理治疗师珍妮·塞弗提出过去我们没谈论过的一个主题：失落不一定只带来自我的负面作用，其实许多人在失去亲人以后，在身体上、心理上，甚至在灵魂上，反而颇有收获。

这样的论点是过去没有的，甚至是出于压抑而被忽略的。

所谓被忽略，是指包括我在内的许多治疗师。现在回想起来，不止一位个案，他们的伤恸之所以徘徊不去，恐怕是他们有一股没被看到的自责，也就是自责怎么会感受到这样的收获，也就是在身心上更自由的感觉。当个案还处在哀悼过程，这样忽然冒出的喜悦感，是让自己更负疚的。弗洛伊德在《哀悼和抑郁》里，早早就提出来，我们一方面会以为自己的一部分消失了，又会认为自己的本能在某一层面上谋杀了对方。如果是这样，这时的喜悦不是更叫人负疚吗？

珍妮·塞弗提出的这种收获，至少在这个层次上是值得被重视的。在过去，我自己的临床之作里，也许是个案的哀恸情绪太强烈了，也许是自己的反向移情，会谈焦点都是放在哀悼和失落本身。现在回想起来，如果当时也可以看到这些被哀伤所掩饰掉的收获感（甚至是喜悦的），或许处理这些情绪可以更深入。

《死亡的益处》这一本书描述的收获感受，其实多在哀恸情绪过了许久以后才出现的。哀恸的阶段逐渐远离以后，似乎很多人也不再去谈自己这一方面的深层次想法了。只是，如果有机会，确实，我们都可以有同样的观察。

我自己经常觉得是因为父亲的死亡，才真正解决了之前几年才分析出来的逃家、离家心境。那时已经三十五岁了，我因为这样才觉察自己，而终于可以回家了。

对父母，不要完美的期待

双亲的死亡，可能会成为你这辈子最重要的成长时机。这是珍妮·塞弗说的，至少在我自己身上也应验了。

只是，也许是有些遗憾的，珍妮·塞弗的案例描述里，对死去的父母花太少的用心，以至于同理了她的个案却没同理个案的父母。她对父母虽然没有太多直接的描述，但通过这许多的间接描述，每一位父母就算没严重到成为孩子情感的"吸血鬼"，至少也都是不成熟的。

如果我们用佛洛姆的理论来思考，就可以了解真正的成熟而不具占有欲的爱原本就不容易，对父母们也就不会有如此完美的期待了。也许作者珍妮·塞弗本身还是期待自己父母的完美，因为她的反向移情，将个案父母即使十分人性的任性或占有欲，都描述得有些极端了。

一个人不容易没有占有欲，即使父母亦如此。只是，唯有父母的死亡，我们才有机会看见原来父母对我们无私付出的爱当中，也有这一部分的自私，也许不严重，却纠缠许久了。至少，这是珍妮·塞弗的这本书带给我们的思考，而这样也就够了。因为这是前所未有的洞见，这本书也就值得我们去欣赏和深思。

在狂奔的时代，慢下来

我经常在门诊里遇到一类很难放到诊断里的个案。他们是由焦虑的父母带来，用闽南话是说小孩太"Luan 性"了。他们指的是孩子太没有自发性、太被动，或太消极了。

这些孩子可能是小学高年级学生，也可能是高中生。一位妈妈的描述十分传神："好不容易拖拖拉拉吃完饭了，叫他先去做作业。没想到洗好碗再去书房陪他，他竟然还写没两行字。忍不住痛骂一顿，在旁边盯着，看他终于开始动了，再快快去洗衣服忙些别的。结果一回来，他又没进度了。他也没做什么，没玩游戏机，也没上网，就是摇摇铅笔，摸摸文具，半玩半发呆的。"

在闽南话里，"Luan 性"是十分传神的，可是中文里就不容易找到对应词，甚至英文里也很困难。在心理学的英文用词中，较接近的形容这种行为的词也许是依赖或被动，可是这两个词各自的范围又不仅仅是前段描述的那种样态。

因为普通话里找不到适当的字词，我擅自用了"糯性"这个词来描述。"糯"的闽南语发音当然不是这样，但它的普通话发音倒是接近原来词的闽南语声调，再加上糯米的意象就有那种不容易堆高而瘫了一地的感觉，似乎也颇传神。

每次见到"糯性"的孩子，就算是父母没来，我也都可以想见他的背后有一位（有时两位皆是）十分急性或焦虑的父母，而且，声调经常是很容易提高的。

在目前，大部分人在担任父母的角色时，知道应该留空间给孩子自己动手做，而且是要站在鼓励的立场在一旁加油。

在情境里，孩子有一定的好奇心，也有足够的自信，他们在不同的年纪总是会去探索身旁的新奇玩意儿。同样地，他们慢慢学会挑战的乐趣，学会竞争的感受，甚至也了解纪律或责任的道理。

当孩子还小的时候，如果要让孩子维持这样兼具好奇心和自信的自发性，父母要多多创造让孩子亲自动手的机会，并且在过程中看到他们新突破的兴奋而加以鼓励。通常，这些愉悦是来自有点难度的挑战。太容易的挑战没有成就感，太艰难而再三挑战都失败的只会让人失去自信。而这也就是温尼科特说的："适当的挫折是孩子最好的助长环境。"

然而，面对这一切，父母又该如何去思考呢？

让我们将教养的场景放到眼前的社会。

在大城市里（像台北），发展速度是飞快的，人的情绪则是急躁的。去过世界不同城市的人都晓得，像台北这般节奏快速的大城市，除了纽约、东京和北京、上海等一线城市，似乎是很少有如此急速的。甚至连伦敦，也许只有查令十字路最热闹的商业区一带，生活节奏才比得上台北。

昔日常见的温娴和儒雅，一种带有从容不迫的悠闲感，是过去的知识阶层所习惯拥有的，不论是在二十世纪三十年代的台湾文化中还是更早的知识人圈子里。然而，曾几何时，几乎是现在台湾社会中不容易获得的能力，是需要特别提醒才能累进的修养。

台湾街头的行人是步履匆匆的，平均的工作时间又是世界闻名的超长。在这样时间有限的状况下，偏偏孩子的教养又有新的问题出现，身为父母，也就要在家庭和工作之间发挥最大的效率。

这时候，我们也许再也无法学会悠闲，但是，如何能在维持效率的情况下，依然注意到自己可能被挑起的情绪，包括不必要的急切动作和不知不觉拉高的声调。

这个时代的气氛是十分紧张的。然而，如果要培养孩子的自发性，父母也需要将自己拉离出这样的气氛，甚至是适当地放下。有些时候，好的父母反而能够离开，留一些时间给自己，对自己好一点。做了很多的父母，其实不一定是好的父母。

懂得玩耍，也将能重新站起

我跟一位朋友说起不同文化对待孩子的方式，产生的影响往往不只是孩子个性的不同，甚至是整个文化的不同。为了具体说明，于是我谈起今年春节的假期。这一年的寒冬不仅漫长，国际新闻里暴雪的消息似乎使整个北半球都承载过量了。而南半球却是洪灾信息不断，漫漫大水淹没了许多陆地。仿佛，这地球因承载不住上头的积雪所带来的重量，下头也就更浸泡在水里了。在这种情况下，春节难得的一次不长不短的假期，也就没有太多选择了。

我的假期是到南半球一个没被洪水淹没的白人国境。计划一个放慢的行程，不租车也不参团，只是坐着长途大巴慵懒地看看不同地形所化成的多彩多姿的风景。于是，飞机从新西兰基督城进出，我的假期也就绕了一圈又回到基督城。从基督城开始，也准备从基督城结束。

以亚洲的标准来说，不到三十五万人的基督城，其实只能算是一个小镇。只是，这个被称为"花园城市"的小镇，的确是名副其实，到处都是森林和草地。而在阳光照射的地方，几乎都可以看见大人陪着孩子玩耍。

旅行的最后两天，我在基督城游荡。走过小河时，发现船上有空位，也就坐上去了。船很低，水很近，不同种类的水鸭都游过来了。岸上一位大胡须的中年爸爸，带着他还在蹒跚走路的女儿。女儿拿着大片面包，整块在喂那些水鸟，一下子就聚来几十只将她重重包围。在船上，看着这个被大小不同抢食的水鸟贴身包围的小女孩似乎面露惊恐，我也跟着有些担心，立刻告诉同行的游伴说："该不会造成创伤，长大得了对鸟的畏惧症吧？"

下船后刚好又步行回到那一块草地。才没多少时间，小女孩已经懂得将面包撕开，再稍稍丢远。旁边的爸爸一边看着，一边重复示范，但一句话都没说，只是微笑。这对小女孩来说，年纪太小了，运动神经的发展还不够，撕下面包的动作十分笨拙，丢出去的距离也永远不够，但她依然快乐地玩着，再也不怕那些伸直脖颈比她高的水鸟。

因为坐船太适合我们想要慵懒的度假心情了。到城的另一端，我们又搭了另一段河域的船。这段河域也同时出租双人的印第安独木舟，玻璃化纤维做的。许多大人和孩子合租一艘，一前一后地合作。大部分是外地的游客，看来都是划船的新手。也许是农历年假期的缘故，其中有不少华人面孔。

我们的船同样是由这里的大学生掌舵。他们靠这份工作，挣得四年的学费，自然各个是熟练的角色，对于不断撞上来的独木舟，似乎也见惯了。我们在船上，没多久就可以随声音分辨撞上的是亚洲游客，还是白人了：只要听到的声音是带着指责口气的，几乎是亚洲父母；相对地，白人的家庭则是大人孩子同时哈哈大笑。似乎，在玩耍的时候，亚洲父母还是很认真扮演自己的父母角色，自己从没有真正地玩耍。

离开的前一天，二月六日，正好是新西兰国庆日。傍晚时分，居民们都一群一群地移向公园，一家人围在地上，野餐毯子上有许多食物，各自坐在带来的轻便椅子上。整个国庆大会像是小城的集体野餐日。

我们没事先准备粮食，坐了一下就先走了。毕竟这是我们在这里的最后一晚，我们想坐下来吃顿晚餐。

我回来后的第一个礼拜跟朋友谈起了这两件事，划船和国庆节，说："也许，从对待小孩的方式，就可以看出文化之不同。"

多日以后，这位朋友忽然打电话给我，要我打开看ＣＮＮ（美国有线电视新闻网）：我两个礼拜前才离开的基督城，忽然一场地震，城市几乎都毁了。我虽然震惊和难过，却不知怎么的，莫名地有一种想法，深深地相信这里的居民会再站起来，而且是更坚强也更真诚地站在一起。

生命的壮游

觅得一本奚淞老师的旧作《给川川的札记》，是在台北南区永康街的一家旧书铺子寻来的。

书是牛皮纸封面的，里面附有十来幅奚淞亲笔画的彩色插画。十月札记有两幅插画，第一幅设景在海滨。沙滩上有许多文明冲积的垃圾，海却是一片暗绿的单纯，更远的天空是宝蓝的深郁。而文字这样写着："川川，我终于独自站在这黑夜的大片海滩上了。我凝视这一波波从黑暗夜里升起的白湾，静谧而喧哗，无止境地推涌向沙滩，我禁不住倾向那海，并且向海笑了。"

站立的海滩可以是任何陆地的边缘，可以是任何岛屿，但画中那一股对远方的渴望，既是安静的，也是喧哗的。

这种感觉，大概是许多归来的旅人才可以体会的吧。

二十世纪七十年代，我还处在青春期的年代，那是一个因为军事戒严而无所不被禁锢的年代，所有年轻的生命因此而太容易被蛊惑了。那个年代，除了三毛来自撒哈拉的召唤，大概就是像奚淞等几位被青年仰望的导师的论述了。

在那个年代，奚淞谈着心灵的追求，黄永洪介绍苏州园林之美，林怀民带动现代表演艺术的发展，蒋勋谈着少年中国的心情，还有汉声杂志的那一群让人尊敬的行动家。他们亲身勤奋的实践里，散发出来的不只是知识上的信息，更多是一种召唤：出走吧，抛掉约定俗成的生命规律，去追求那一股隐约听见的召唤吧！

环游世界，一种自我治疗

我三十四岁那年，才下定决心去环游世界。那时，我经常去某一城市自助旅行。对我而言，三十四岁那一年生命忽然出现大转弯，我被迫离开原来打算定居一辈子的花莲，所有原先就做好的生涯规划都被打乱了。现在想来，幸亏是这样的安排，才有后来的种种发展。只是，我当时的失落使整个人陷入无底的忧郁里，确实是前所未有的沮丧。直到今天，偶尔午夜梦回，当年一个人站在花莲高楼的宿舍，感觉可以逃离这一切的美好，飞翔正诱惑着自己，那关键而危险的一幕又出现了。

环游世界的梦想，也就成为那时的我不知不觉中找到的治疗方法，算是一种自我救赎吧。

事情的开端，所谓的环游世界也只是随口讲讲。但后来因做准备工作而阅读的旅游手册越堆越高，我寻求协助而打扰的朋友也越来越多，众目睽睽下，这一趟出走似乎是非进行不可的了。

另外，也许是小时候热爱阅读的小说《八十天环游地球》早就在潜意识深处固着了。所以，这样的念头一旦启动，也就越发不可收拾。

褚士莹那时才大学毕业没多久，可是已经跑了不少地方了。他的年纪虽然小我一大截，却因为一些有趣的机缘，在他读师大附中而我在台大医院当住院医生时就有些熟识了。于是，待我筹备这一趟自以为是壮举的旅行时，身为我亲友顾问团之一的他告诉我，据说有一种叫环球机票的玩意儿。

所谓的环球机票，在那个没有网络的时代，仿佛也只是传说，褚士莹自己也没见过。我几乎打遍了台北市所有旅行社的电话，才在一家小小的中大旅行社，遇见旅居瑞士多年的李本玲小姐，在她的协助下，以新台币七万多元的低价，买到了传说中的机票。

旅行、梦想，挡不住的洪水

二十世纪九十年代的台湾，经济富裕了，机票便宜了，许多国家都视观光为重要收入而提供更便捷的设备和地方交通，在这种情形下，外出旅游也就更容易了。

我还记得当时每年一两次的自助旅行，所到之处都是当年台湾鲜有报道的。我因此曾经应邀帮报纸旅游版写稿，有好几家出版社与我接洽谈出版游记的可能，甚至在网络还没泡沫化以前，还接受了某网站赞助到希腊爱琴海的自助旅行，只要每一两天找个网吧发稿就行。

然而，旅行这件事的发展比过去任何事的发展都快。在我还正思考自己的游记，犹豫如何在旅行文学和旅游手册之间割舍，市面上就出现了满坑满谷图文并茂的旅游书了。甚至，连赞助我的那家网站，当我还在爱琴海跳岛时，就已经宣布结束运作了。

旅行已经是挡不下来的洪水了。

二十一世纪以后，在罗文嘉担任台湾客委会主委时，他提出了每年主办"筑梦计划"，协助年轻人完成自己的梦想。他找了侯文咏、邱一新、徐永明和我，再加上唯一一位真正客家人的李允斐教授，一起脑力激荡，将自己年轻时无法追逐梦想的挫折经验，转化成提供经费及经费之外的许多协助。

这个计划比林怀民在云门提出的"流浪者计划"还早一年，经费也多了许多，但可惜因是政府部门主办，再加上刚开始数年皆以客家族群为限，"筑梦计划"的知名度也就比不上"流浪者计划"了。

只是，正如其他评审所说，这是我担任许多大大小小的评审中，最让人兴奋的一次。在每年的计划中，可以看到现今年轻人各种不同的梦想，远远超越我们曾经体验的。

每次的评审虽然时间相当漫长，气氛却永远是热烈的。我慢慢可以理解，这一股热情的来源。迈入中年的我，正如别人所说，是从年轻人身上"偷取"青春的。

而这些入选"筑梦计划"的项目中，其中约略三成是属于有创意的自助旅行。

旅行，自我探索的方式

旅行本身是一种自我探索的方式。

当然，这里指的不是一群人的旅行。如果是一群朋友去游玩，我们就常说："去哪里都没关系，在一起就好了。"也就是说，一群人在一起的旅行，其实是和人与人之间的关系有关的一切事务，如此与自我内在相处的机会也就不多了。

十七世纪以来，欧洲贵族青年开始有所谓的"壮游"。这种风气慢慢延伸，不再只是贵族，也不再只有欧洲，但还是以青年为主。

对青年的自我探索研究最深的心理学家埃里克森，在其青年时代，也曾有过壮游。他中学毕业后，拒绝了原先申请到的医学院，进入巴登州立艺术学校。一年后，他自行离开学校开始旅行，同样是到希腊和意大利，最后在维也纳停留，专业从事画孩子肖像画。

在维也纳时，埃里克森认识了安娜·弗洛伊德，成为她创办的小学的教师，成为精神分析师，成为一位没读过大学的伟大心理学家。他的许多理论被写进心理学教科书，其中，关于青年与认同的理论，也许就是来自他在地中海岛屿与岛屿之间跳岛吧。

思考下一次的出发

2008 年，蔡伯鑫出版了《没有摩托车的南美日记》一书。他在从医学院毕业后，在进入医院工作之前，和朋友结伴绕了中南美洲半圈，无意中追随了革命前夕的切·格瓦拉的足迹。我曾经为这本书写下：

> 青春不是理所当然地存在。青春是要去撞击、去探险，才开始发生。壮游是过去欧洲知识分子阶层的成长仪式，而现在的台湾，一个海岛，她的子女更是需要这一历程。《没有摩托车的南美日记》是我心目中的壮游，我年轻时的梦，作者潇洒而勇敢地挑战，也做到了。

殷士闵也同样是来自医学院，同样在毕业后，投入医院工作之前，开始了他的单车壮游，写下《无疆的骑路》。

一个人的旅程将更加孤独。

当年切·格瓦拉在医学院毕业后的骑摩托车壮游，还有好友阿尔贝托·格拉纳多同行。英国药剂师、诗人济慈到罗马时，还有拜伦和雪莱相伴。然而殷士闵的单车行程是独自一个人的，即使偶尔路上有计划之外的同行者，但心情还是一个人的。

在路上，一个人骑着单车的殷士闵究竟在想什么呢？

跟随他流畅的文笔和动人的观察，身为读者的我们也开始上路了。我们读到了不可预期的状况，读到意外，读到路上其他旅人令人佩服的能耐，更读到一路上的人和风景。

这时，殷士闵看到自己了吗？

在字里行间，逐渐浮现了他对自己隐约的思考。也许，他看到了没有看到过的自己，那种经历仿佛是人类第一次飞上太空，环绕在大气层外回望地球：那个自己生活一辈子的地球，居然是第一次真正看见。也许在欧洲某一乡下的小径上，殷士闵的脑海中也曾有一瞬间是这样的感觉吧。

生命是如此丰富，值得一再地探索。也因为生命是如此丰盛，不只是青年阶段，任何年龄段的我们，都该开始思考下一次的旅程了。

好父母来自整个社区的努力

几个老朋友好不容易见了面，聊起彼此近年来的工作。一位投身亲职教育的朋友，说起自己这些年的思考，流露出对自己专业的困惑："有时真怀疑亲职教育的意义，对父母固然有所帮助，但似乎有一定的局限。偏偏在局限之外的那些问题，往往才是这些为人父母最困扰的难题。"她指的是最近遇到的几个案例，父母其实是够好也够用心了，却还是遭遇与孩子相关的问题。

在场另一位做社工的好朋友，听了这些亲职问题，也提起她最近督导的一个案例。那是儿虐通报中的个案，被虐待的两个孩子分别是十岁和七岁。承办当地地方政府儿童虐待业务的民间机构，派他们的基层社工去了解时，才发现在这小小的不幸家庭里，还有许多来自不同机构的专业人员，包括负责解决家暴问题的（妈妈也被殴打而列为照顾对象）、负责精障辅导就业的（打人的爸爸有与酒精相关的精神疾病）等，因为颇能秉持以当事人为中心的专业态度，工作上不免有不同的立场，工作范围有重叠也有冲突。

她说，在台湾无论哪个阵营执政，名堂越来越多了，但一个家庭就这样被我们的社会福利政策拆得四分五裂。这种以个人为出发点的思考所定下的法令制度，真的可以为我们的社会带来福利吗？

"压力锅"家庭，往往来自一个衰败的社区

当子女遭到父母虐待的事件发生时，不是只有儿童被虐了，通常这背后还有一位或更多身心疲惫，甚至是精神失常的大人。当有被家暴的妇女时，背后同样有一位不堪生活折磨的男人，只能以问题来逃避问题，也许是酗酒，也许是嗑药，也许只是持续易怒的坏脾气。难道这些"坏大人"原本就是坏胚子，原本出生就带来邪恶的基因？也许真有些是吧，但那些属于基因论者所描述的先天问题，长久以来的研究发现，这也仅占其中的少数。大部分的"坏"，是来自环境，特别是环境中的资源不足，也许已经符合贫穷程度，但更多是无法领取低收入补助，也不觉自己已经属于贫穷一族的资源不足。

这些遭资源不足挤压的家庭，通常又地处经济状况不佳的区域。在台北市、台中市或高雄市以外的乡镇，经常是在贫困的农渔乡村，然后再逐渐失所而流离到大城市的贫穷边缘地带。

于是，一位遭到不良待遇的孩子，背后有一个像压力锅一样快爆了的家庭；而快爆的家庭，它的后面往往是一个衰败的社区。

唯有社区发达了，社区内的资源网络活络了，家庭有基本的

资源，家庭开始有希望了，这样，这个社会才有可能不再有儿童被虐待或家庭暴力这种事。

这种资源不足带来的深邃而沉重的压力，不只是发生在社会阶层较低的家庭，其实中上家庭也经常自知或不自知地陷在同样的困境中。

中产家庭的生活，摆在整个社会结构里，"比下有余"的状态会让人不自觉地放心；自然地，在这种看上去相对可以的情况下，往往也就无法察觉自己资源吃紧的状态。可是处在人和人的关系越来越疏远、家庭与家庭之间越来越不来往，而在逐渐区隔化而瓦解的社会结构里，传统的支持功能越来越流失殆尽，我们的家庭因为全靠自给而成本越来越高，已经几乎可以说是到相当吃力的地步了。这些年来台湾生育率极低，政府开始提高生育补助。这方法其实像是用截箭法来治箭伤，以为只补贴一笔生育费用，就可以解决孩子一辈子的问题。其实，越来越低的生育意愿，是因为包括抚养子女在内的各种有形无形的家庭成本，即使是中产阶层的家庭，都感觉没法负担了。依中产阶级对家庭质量要求越来越高的倾向，自我意识是中产阶级的夫妻，必然会要求自己是合格的父母，对怀孕这件事也就更慎重而迟疑了。

我可以将孩子交给谁？

我想起我在台大精神门诊的一位患者陈太太，她在精神医学临床上的诊断是广泛性焦虑症，但更准确地描述其实是不折不扣的家庭主妇症候群。这个名词是在第二次世界大战后的美国提出来的，指的是第二次世界大战后开始有机会踏入社会工作的女性，不论她们是全职太太还是职业妇女，普遍容易出现负担太多而操心太过所产生的焦虑症状。

在门诊，我告诉这位年轻的妈妈，如何自我察觉和处理压力，包括尽可能放手让孩子自己去忙而减少负担。陈太太沉思了一阵，抬头说："可是，我可以将孩子交给谁呢？"

年轻一点时，我会觉得这位妈妈太没自信或太以自我为中心了，潜意识里不想多努力或不相信自己可以做到。现在，我像那位从事亲职教育的老朋友，也越来越能察觉自己的专业其实不是无所不能的。

相关部门如果继续开"空头支票"，必然又是广设托儿中心之类的。但是，这只是又打造出一批将自己区隔在社区之间而非真正成为社区系统一分子的机构。甚至，在体制建立的过程中，不但要花大量用在社会福利上的费用，还会让人失去可能的社区或家庭联结的机会。

其实，好的做法是有的，只要态度对，这一切并不会那么不容易执行的。我想起多年以前，台北万芳社区曾经有一群妈妈，轮流排班接送孩子和对他们进行课后照顾，通过信任、承诺和合作，来分担彼此的负担，又创造了亲职互动的机会，也解决了孩子在大城市没有同侪一起学习的问题。可惜，不管是谁执政，政府并没有顺势将这一制度推广。

我是多年以前听台湾大学的黄毓秀教授提起，才知道有这样一个隶属彭婉如基金会下的社区概念。后来没继续联络，不知状况如何了。那位来自社工界的朋友，听我提及，立刻在计算机上搜到该基金会的网页，点开其中的"社区照顾福利服务互助系统"。原来这些年，她们已经弄清楚自己的努力方向了。我在网页上看到她们的理念，十分欣赏，特别将它抄在下面：

社区照顾福利服务互助系统，是"社会权"概念的具体实践。"互助"为系统的核心价值，有照顾需求的家庭，通过系统找到照顾帮手，从照顾负荷中稍得喘息，同时创造妇女二度就业机会。二度就业妇女在系统中接受训练与管理，成为专业照顾工作者，赚取稳定的薪资，并得到劳动权益的保障。

互助系统的运作以非营利的模式，系统成员的互助捐款，是本系统稳定持续运转的基础，互助捐款同时将运用在补助弱势者，以及系统的研发、实验、推广工作上，以通过社区大家庭的照顾，建立平等、关爱、合作、助人的社会。目前此系统由台湾社区照顾协会承接，本会主要负责社区保姆支持系统。

这正是当今台湾最缺乏的。

除了个人权，也该思考社会权

过去的台湾，随着民主制度的建立，个人权开始受到重视，也反映在我们的各种社会福利制度的相关法令中，譬如《儿童福利法》或《家庭暴力防制法》，都可以看到这种个人权的精神。只是，没能事先预料到的是，个人权这样的时代精神，固然有当时的必要，也完成了那一阶段必要的时代任务。然而，过度强调个人权，也无意中破坏了旧社区、旧家族里的好资源，同时抑制了新社区建立的可能。十多年之后，一方面，台湾社会的个人权更受重视了；另一方面，我们看到了台湾的家庭成本急遽提升，连中产阶级也吃不消了。

这一阶段的台湾，除了个人权，也许该开始思考最缺乏的社会权。

希拉里还是前美国总统夫人时，她曾借用印第安俗谚来呼吁提升社区在亲子抚养中所扮演的角色："每个孩子都是整个部落一起照顾长大的。"可惜这个理念并没有在克林顿时代的美国政府真正发挥作用，只是沦为了政治口号。

就像"每个孩子都是整个部落一起照顾长大的"一样，父母可以成为好父母是来自整个社区成员一起的努力。

所有的父母，所有的家庭成员，如果有一个可以让他们相互支援和学习的社群，而不是单打独斗，这样才有放心的父母，才有有信心生孩子的年轻夫妻，才有真正产生幸福感的社会制度。

在面对年轻的陈太太这样自觉无力成为好父母的来访者时，作为精神科医生和心理治疗师的我，常常想，尽管可以同时使用药物治疗和心理治疗，但永远还是有治疗室外应该好好思索的局限。